사회주의 중국은 행복한가

혁명사로 본 사회주의 중국의 허상

기타무라 미노루(北村稔) 지음 | 김동욱 · 이용빈 옮김

한울
아카데미

이 도서의 국립중앙도서관 출판시도서목록(CIP)은 서지정보유통지원시스템 홈페이지(http://seoji.nl.go.kr)
와 국가자료공동목록시스템(http://www.nl.go.kr/kolisnet)에서 이용하실 수 있습니다.
(CIP제어번호 : CIP2014009180)

中国は社会主義で幸せになったのか

北村 稔
Kitamura Minoru

PHP新書

차례

옮긴이 해제

현재의 '중국'을 이해하는 것은 일견 쉬워 보일 수도 있으나, 장기간의 역사와 지속적인 전통의 영향을 받는 중국사회를 감안한다면 그렇게 간단한 일은 아니다. 현대 중국을 이해하기 위해서는 근대 중국의 역사를 알아야 하며, 근대 중국을 이해하기 위해서는 그 이전의 역사에 대한 전반적인 이해가 필요하다. 또한 중국공산당의 지도 아래, 현재 중국이 표방하고 있는 사회주의를 이해하기 위해서는 다양한 정치철학 사조를 감안한 복합적인 접근이 필요할 것이다.

중국은 한반도의 통일문제는 물론 경제적 발전을 비롯하여 현재 한국의 입장에서 매우 중요한 국가이다. 그렇기 때문에 지금은 그 어느 때보다도 폭넓고 정확한 '중국 이해'가 필요한 시기라고 할 수 있다. 이러한 관점에서 기타무라 미노루(北村稔)의 『사회주의 중국은 행복한가』는 현재 중국의 속사정과 이면을 통시적인 각도에서 관찰할 수 있는 유용한 디딤돌이 될 것이다.

이 책은 우리가 '중국'을 이해할 때 흔히 간과할 수 있는, 근대에서 현대로의 '불연속성'을 진지하게 재검토해야 한다는 것을 환기시킨다. '사회주의 중국'은 어떠하며, 어떤 역사적 단계를 거쳤으며, 이러한 과정을 통해 중국 국민들은 과연 행복한가 하는 질문을 던지고 있다. 또한 이 책은 눈에 보이는 실상과 다른 '허상'으로서의 중국을 예리한 필치로 다루면서, 전통과의 결별을 추구하고 있지만 '봉건적 토양'에서 벗어나지 못하고 있는 중국의 비극을 묘사하고 있다.[1]

특히 이 책의 지은이가 현재의 중국이 아직도 '봉건적 잔재'에서 벗어나지 못하고 있다고 지적한 부분은 역설적으로 중국의 지도자들이 '조화로운 사회', '과학적 발전관' 등을 계속해서 주장할 수밖에 없는 사회 심리적 및 역사적 계기를 보여준다고도 할 수 있다.

미국정치학회 회장을 지내기도 했던 루시안 파이(Lucian Pye) 교수가 현대 중국정치를 분석하면서 국가 차원의 비(非)일반성과 '좌절한 사회(frustrated society)'를 강조했던 것처럼,[2] 중국은 개혁·개방정책의 진전에도 불구하고 정작 '사회 없는 사회주의 국가'[3]의 속성에서 크게 벗어나지 못하고 있다.

다시 말해, 현재의 중국사회는 오랫동안 축적된 심각한 '정체성의 위기'에 직면해 있는 것이다. 문화대혁명을 통한 쓰라린 기억들이 아직

---

1 '중국의 레닌'으로 일컬어졌던 천두슈(陳獨秀)는「우리의 정치의견서(我們的政治意見書)」에서 중국공산당 내부의 기회주의적 맹동주의와 함께 '봉건적 잔재'의 핵심이라고 할 수 있는 관료주의의 폐해를 지적한 바 있다. 王觀泉,『陳獨秀傳: 被綁的普羅米修斯』(台北: 業强出版社, 1996), p. 328.

2 Lucian W. Pye, *The Spirit of Chinese Politics,* New Edition(Cambridge, Mass.: Harvard University Press, 1992), pp. 233~256.

3 이러한 흐름은 레온 트로츠키(Leon Trotsky)가 이미 지적한 부분이기도 하다. Leon Trotsky, *The Hidden Dynamics of Chinese Revolution: Writings and Speeches of Leon Trotsky on China, 1925~1940*(Delhi, India: Aakar books, 2009), p. 594.

생생하게 살아 있고, 1989년 천안문 사건으로 피해를 본 유가족들이 명예회복과 배상을 요구하는 진정서를 올리며 시위를 하는 최근의 상황 속에서도, 한편으로는 정치개혁을 위한 여러 가지 논의들이 중국 지도자들 사이에서 진행되고 있다.

이 책은 앞으로 '사회주의 중국'이 어떤 방향으로 발전해 나아갈 것인가에 대해, 많은 시사점과 통찰력을 전해줄 것이다. 분명한 것은 현대 '중국'을 이해하고 전망하는 데 지나친 비관론도 지양되어야 하겠지만, 과도한 낙관론 역시 신중하게 살펴보아야 한다는 점이다. 이와 같은 맥락에서 독자 여러분들의 일독을 권한다.

2014년 3월

서울대 사회과학도서관에서

이용빈

한 국 어 판
서 문

이번에 필자의 저서 『사회주의 중국은 행복한가』의 한국어판이 출간되는 것은 뜻밖의 기쁨이다. 한국의 국민이 현재 중국 정치체제의 본질을 이해하는 것은, 마찬가지로 중국의 이웃나라인 일본의 국민이 그러한 것보다도 더욱 중요한 과제라고 생각한다.

일본에서는 제2차 세계대전 이후에 마르크스주의가 크게 유행했고, 일본사연구와 중국사연구는 대체로 마르크스주의의 역사발전이론을 바탕으로 진행되어왔다. 그래서 중국공산당이 마르크스주의의 역사이론을 기초로 자신들의 권력장악 과정을 설명한 중국 근현대사의 내용이 그대로 일본인 연구자에게 받아들여졌다. 더욱이 일본의 많은 중국 연구자가 평등하고 자유로운 사회의 건설이라는 사회주의의 목표를 동경하고 있었다. 그래서 그들은 중국공산당이 내건 '사회주의 국가의 건설'이라는 겉모습에 현혹되어 중화인민공화국의 본질을 오인하게 되었다.

이와 같은 상황을 바탕으로, 중국사회를 덮친 대재앙이었던 문화대혁명에 대해서도 실태를 파악할 수 없었던 다수의 일본인 연구자가 마오쩌둥(毛澤東)을 지지했다.

그 이후 문화대혁명이 종료되고 덩샤오핑(鄧小平)이 개혁·개방 정책을 개시하자, 일본의 중국 연구자들은 중국의 경제가 발전해서 중산계급이 출현하면 중국의 민주화가 촉진될 것이라고 생각해, 중국의 경제발전에 큰 기대감을 품었다.

필자의 개인적 경험을 말하자면, 천안문 사건 발생 9개월 전인 1988년 9월에 나이 지긋한 중국 연구자들과 함께 중국공산당 역사편찬 부문의 중심인 중앙당사연구실과 문헌연구실을 방문해 좌담회에 참가한 적이 있었다. 그리고 대단히 개방적인 분위기 속에서 '확실히 중국은 변했구나'하고 실감했다. 문헌연구실에서 좌담회를 마친 후, 구면인 젊은 중국인 여성 연구자가 "오늘의 좌담회만큼 자유가 있었던 적은 지금까지 없었습니다. 자신의 책임으로 무엇을 말해도 괜찮다는 상사의 승인을 받았습니다"라고 말했던 것을 선명히 기억하고 있다.

그러나 이와 같은 상황은, 1989년 6월 4일 천안문 사건으로 일변했다. 천안문 사건은 무서운 속도의 자유화 파도에 공포를 느낀 공산당의 반격이었다. 그 이후 정치의 자유화는 억압되었지만 경제의 발전은 진행되었다. 그 결과, 중국에서는 극단적인 사회적 격차가 출현하고 중국공산당은 이미 사회주의국가의 건설이라는 겉모습을 포기하고 있다. 짓궂게 말해보자면, 사회주의의 원칙인 토지의 사유가 인정되지 않는다는 점만으로, 공산당은 사회주의국가의 외관을 지키려고 하는 것으로 보인다. 하지만 실제로는 토지의 사유권이라는 인권의 기초가 사회적으로 확립되어 있지 않은 상황에서, 정치권력을 독재적으로 장악한 공산당원들이 자신들의 이익을 최우선으로 하여 제멋대로 행동하고 있는 상황이다. 그리고 사회적 격차는 무한히 확대되고 있다. 중국은 대체 어떻게 되는 것일까.

이 책에서는, 이와 같은 상황이 필연적으로 출현할 수밖에 없었던 중국사의 본질을 다음의 세 가지 측면을 지주(支柱)로 삼아 냉정히 분석했다. 즉, 중국의 역사를 변화시키는 전통적 요인이 되어온 농민반란, 중국공산당을 탄생시킨 소련 지도하의 세계공산주의운동, 그리고 이에 더해 공산당정권 성립의 결정적 요인이 된 중일전쟁이다.

이 책을 통해 한국 독자 여러분의 현대 중국에 대한 이해가 깊어지기를 진심으로 바란다.

2014년 2월

기타무라 미노루

서장

중국이라는 비극

중화인민공화국은 '사회주의 옷을 입은 봉건왕조'

이 책은 19세기 말부터 오늘날까지의 중국 역사를 중국공산당이 추구한 사회주의 혁명을 중심으로 분석한 것이다. 청조 말기부터 시작된 중국 국내의 정치변동을 배경으로 어떤 경위를 거쳐 중국공산당이 출현하여 정치권력을 장악하고, 나아가 오늘날의 혼란에 이르게 되었는가를 살펴본다.

이 책의 목표는 중화인민공화국의 출현은 '사회주의 옷을 입은 봉건왕조였다'는 시각에서 혼미해져 가는 중국의 현재를 독해하는 것이다.

중화인민공화국의 탄생이 그 원동력이 된 '농민 반란'을 포함한 많은 점에서 역대 봉건왕조의 출현과 유사하다는 것은 이미 성립 이전부터 지적된 바 있다.[1]

---

1 具塚茂樹, 「現實の革命と學者の革命」, ≪世界≫(1949年 9月號).

그렇지만 이 관점은 곧 퇴색되었고, 이러한 시각에서 중국 근현대사를 해석하려는 연구는 출현하지 않았다. 이는 중화인민공화국에서 마오쩌둥의 지도 아래 무지막지한 속도로 사회주의 건설이 추진되었기 때문이다. 또한, 건국 이후 곧 서방세계와 교류를 끊은 중화인민공화국으로부터 사회주의 건설의 성과를 전하는 정보만이 외부세계에 전해졌기 때문이기도 하다.

그런데 1976년 마오쩌둥의 사망과 함께 사회주의 건설이 포기되고, 중화인민공화국에서는 '중국의 특색을 지닌 사회주의'라는 이름 아래 자본주의 생산양식이 도입되었다.

그 이후 경제의 자유화가 진행되며 과거 중국사회의 전통이었던 관료주의적 통치, 관료의 부정부패, 연줄 관계의 중시 등이 사회주의라는 겉모습을 통해 은폐되기 시작한다.

그 결과 1980년대가 되면서 중국사회 안의 '봉건 잔재'의 존재가 지적되기 시작했고 이를 제거하자는 논의가 시작되었다. 그리고 이는 국외에도 파급되어 공개적인 논쟁도 이루어졌는데 여기서 지적된 '봉건 잔재'는 개인숭배, 가부장제, 간부의 특권, 전제주의 등 다양한 영역에 걸쳐 있었다.[2] 그러나 여기서 논점은 어디까지나 '봉건 잔재'의 존재이며, '잔재'는 '주요한 요소'가 아니다.

이 책은 '봉건 잔재'의 논의를 역전시켜 '봉건 잔재'는 '잔재'가 아니라 중화인민공화국의 '주요한 구성요소'이며, 중화인민공화국은 실제로는 '사회주의 옷을 입은 봉건왕조'라는 것을 논증하고자 한다.

---

2 岡部達味,『中國近代化の政治經濟學: 改革と開放の行方を讀む』(PHP研究所, 1989).

많은 중국 연구자들이 개혁·개방 정책이라는 이름 아래 사회주의의 원칙을 모두 버리고 변모한 중국공산당의 모습에 당혹감을 느끼고, 중국공산당의 역사를 정합적(整合的)으로 이해하려는 시도를 포기하고 있는 오늘날, 이 책이 중국을 냉정하게 이해하는 데 도움이 된다면 필자로서는 더없는 기쁨이 될 것이다.

이 책은 중국 사회주의 혁명의 근본사상이며 20세기 역사에 최대 영향을 준 마르크스주의 분석에 지면을 할애하고 있다. 중국공산당 성립(1921년) 이후의 활동은 마르크스주의 이론에 기초해 전개되어왔다. 중국사회에 큰 피해를 입힌 문화대혁명과, 문화대혁명을 철저하게 부정하고 있는 현재의 개혁·개방 정책 모두 마르크스주의의 다른 해석에 근거해 시작되었다. 중국공산당 출현 이후의 중국사를 이해하기 위해서는 마르크스주의에 대한 이해가 반드시 필요하다. 마르크스주의 이론에 기초한 역사 서술은 예전부터 지금까지 중국 근현대사 연구의 주요한 방법이었는데, 이 책에서는 마르크스주의를 비판적으로 파악하여 역사를 분석할 것이다.

마르크스주의를 오늘날에는 사회주의(나아가 공산주의)의 동의어로 이해하고 있는데, 그 이유는 1917년 러시아 혁명 이후 세계에 나타난 사회주의 국가가 모두 마르크스주의를 국시(國是)로 삼았기 때문이다. 또한 마르크스주의에 러시아 혁명의 지도자 블라디미르 레닌(Vladimir Lenin)의 사상이 더해져, 마르크스·레닌주의라고 부르기도 한다.

하지만 이제 마르크스주의에 대해 말하지 않게 되었다. 마르크스주의가 목표로 한 풍요롭고 평등한 사회의 실현은 실패했기 때문이다. 1991년, 사회주의의 조국이었던 소련이 붕괴하고 그와 동시에 동유럽 국가들의 사회주의 체제도 붕괴했다. 마르크스주의의 권위는 일거에 실추되었다. 그러나 중국에서는 지금도 현행 헌법(1982년 채택, 이후 부분 수정)의 전문(前文)에 공산당의 지도, 마르크스·레닌주의와 마오쩌둥 사상, 인민 민주독재, 사회주의 노선 등 네 가지가 정치적 지배의 기본 원칙으로 제시되고 있다.

무엇이 비극인가

목표 달성을 위해 매우 많은 희생을 감수했지만, 목표와 전혀 다른 결과가 생겨난다면 그것은 비극일 것이다. 그리고 중국공산당의 사회주의 혁명을 향한 길은 목표와는 전혀 다른 사회를 출현시켰다는 점에서 커다란 비극이었다.

사회주의는 19세기 초반 유럽에서 유행한 사상이며 마르크스주의도 그중 하나였다. 공통되는 원리는 생산활동의 합리적 통제와 사유제의 대폭적인 제한이었다. 18세기 말 프랑스 혁명 이후 법 아래에서의 평등과 같은 인권사상에 기초한 법제도가 방침으로서 확립되기 시작했지만, 현실적으로는 산업혁명으로 자본주의 사회의 무질서한 생산활동이 극단적인 물질적 불평등을 초래했다. 이에 반해 사회주의는 자본주의 사회의 무질서한 생산활동을 제어하고 만인에게 행복을 가져오는, 풍요롭고 평등한 사회의 실현을 지향하는 사상이었다.

중국공산당은 1917년 러시아 사회주의 혁명의 직접적인 영향 아래, 1921년 7월에 상하이(上海)의 프랑스 조계(租界, 19세기 후반에 영국, 미국, 일본 등 8개국이 중국을 침략하는 근거지로 삼았던, 개항 도시의 외국인 거주지)에서 창립되어 사회주의 혁명의 실현을 최종 목표로 삼았다. 공산당의 성립에 가담했던 사람들은 열강 아래 압박받고 있는 중국이 자립하고, 국내에 만연해 있는 구제도로부터 인간이 해방되기를 염원했다. 이를 실현하는 가장 좋은 방법이 러시아 혁명의 사상과 그 제도를 받아들이는 것이었다.

공산당의 창립 대회에 참가한 13명[3]의 대표 중에 마오쩌둥이 있었다. 마오쩌둥은 이상적인 사회주의 사회를 건설하기 위해 일생을 보냈다. 저우언라이(周恩來)와 류사오치(劉少奇), 덩샤오핑 등 중국공산당원의 길을 걸었던 사람들은 모두 풍요롭고 평등한 사회의 실현을 꿈꾸며 정치활동을 시작했다. 그런데 그 이후 중국 대륙에는 그들의 당초 목표와는 완전히 다른 사회가 출현했다.

마오쩌둥이 '이상적인 사회주의'를 실현하기 위해 1966년에 시작하여 1976년 그가 사망할 때까지 계속했던 문화대혁명에서는 많은 공산당원이 사회주의의 적이 되어 실각하고 목숨을 잃었다. 사회주의를 실현하기 위해서는 마오쩌둥에 대한 충성이 모든 가치에 우선해야 한다는 사상적 흐름이 만들어져, 봉건시대의 황제숭배와 같은 마오쩌둥에 대한 개인숭배가 정점에 달했다. 국가주석인 류사오치는 마오쩌둥에 반대하는 사회주의 최대의 적이 되어 박해를 받다가 비참하게 죽고 말았다. 중국공산당 중앙위원회 총서기인 덩샤오핑도 직무를 박탈당하고, 일시적으로 노동자의 생활을 강제당했다.

문화대혁명은 사회주의 건설방법을 둘러싼 공산당 내의 주도권 쟁탈이었는데, 그것이 민중 수준에까지 확대되어 대규모 살상사건으로 번진 것이다. 그 본질은 정책에 대한 주도권 쟁탈이었음에도 계급투쟁의

---

3 리한쥔(李漢俊), 리다(李達), 장궈타오(張國燾), 류런징(劉仁靜), 마오쩌둥, 허수헝(何叔衡), 둥비우(董必武), 천탄추(陳潭秋), 왕진메이(王燼美), 덩언밍(鄧恩銘), 천궁보(陳公博), 저우포하이(周佛海), 바오후이썽(包惠僧). — 옮긴이 주

미명 아래 전개되었다. 이 때문에, 공산당 내의 대립하는 각 파벌이 민중을 조직화하여 '사회주의의 적'을 타도한다는 목표를 내걸고 서로 싸웠던 것이다. 그와 동시에 잠복한 사회주의의 적이라는 명목 아래 과거의 지주와 부농, 자본가와 그 가족에 대한 엄청난 수의 박해와 살상이 이루어졌다.

문화대혁명으로 사람들은 서로를 신뢰하지 않게 되었고 사회의 기풍은 황폐해졌다. 10년간의 대혼란 속에서 살해된 사람들, 혹은 박해받아 상해와 질병으로 사망한 사람들의 수가 2,000만 명에 이른다는 주장도 있다. 풍요로운 사회를 가져와야 할 사회주의의 추구가 도리어 사람들의 생활에 큰 피해를 초래했던 것이다.

1980년대에는 문화대혁명을 비판하는 많은 서적이 출판되었지만, 현재의 중국공산당은 문화대혁명의 비참한 실정을 은폐하려고 하며 책을 통해 문화대혁명을 논하는 것도 금지하고 있다. 공산당 내의 투쟁이 확대되고 민중이 대재해를 가져온 문화대혁명의 실상을 바로 보게 된다면 '인민의 해방자'라는 당의 표상이 동요할 것이고, 공산당 지배의 정통성이 상실되기 때문이다.

나아가 문화대혁명이 내세운 '자본주의의 길을 걷는 공산당 내의 특권 간부를 타도하자'는 목표가 현재의 공산당 지배체제에 대한 비판으로 재연되는 것을 두려워하기 때문이기도 하다. 문화대혁명이 타도하고자 했던 목표가 실질적으로는 현재의 공산당 지배체제와 불가사의하게 부합하는 현실은 이 책의 마지막 부분에서 논하도록 하겠다.

반복되는 비극

마오쩌둥 사후에 권력을 장악한 덩샤오핑은 침체된 생산활동의 향상을 위해 1980년대부터 '중국의 특색을 지닌 사회주의'를 슬로건으로 내세우며 대규모의 자본주의 생산양식을 도입했다. 이른바 개혁·개방 정책이었다. 그리고 문화대혁명에 종지부를 찍고 대혼란의 책임을 마오쩌둥의 측근들[4인방: 장칭(江靑, 마오쩌둥의 부인), 왕훙원(王洪文), 장춘차오(張春橋), 야오원위안(姚文元)]에게 전가했다.

그러나 문화대혁명은 인위적으로 계급투쟁을 조작하여 정치목표를 실현해온 공산당의 정치체질이 만들어낸 것이며, 그 책임은 공산당 전체가 져야 한다. 이 점에 대해서 독자는 이 책을 통독한 이후에 깊게 실감할 것이라 생각한다.

덩샤오핑은 군사위원회 주석으로서 중국인민해방군을 통제했는데, 자오쯔양(趙紫陽)을 국무원 총리(1980년 취임), 후야오방(胡耀邦)을 총서기(1982년 취임)로 선발했다. 이 두 사람을 중심으로 개혁·개방 정책이 추진되었으며 이에 따라 중국 경제는 발전의 길을 걸었다. 경제 자유화가 진전되면서 사상 자유화도 진행되었다. 공산당원 사이에서도 자본주의 발전 과정에서 만들어진 서구의 정치제도와 법률제도는 전 인류의 보배이며 이를 수용해야 한다는 의견이 생겨났다.

그리고 자유화를 요구하는 학생들의 시위가 전국에서 빈발했다. 이에 대해 공산당 중앙은 삼권분립, 법 아래의 평등, 기본적 인권 등은 자본주의 사회에 고유한 '부르주아 민주주의'이며 사회주의 사회에는 부적합한 이념이라며 퇴짜를 놓았다. 그 결과 사상 자유화를 용인한 후야오방이 1987년 1월에 사임하고(1989년 4월에 사망), 자오쯔양이 총서기를 겸임했다(1987년 11월까지 대행). 1988년 4월에는 자오쯔양을 대신하여 국무원 총리에 리펑(李鵬)이 취임했다.

그러나 그 이후 '사상 자유화'의 조류는 공산당의 일당독재를 공개적으로 비판하고 민중의 정치참가를 요구하는 데까지 전개되었다. 그 결과, 일당독재를 유지하고 경제만 자본주의의 생산양식으로 활성화시키고자 했던 공산당의 계획은 좌절되었다. 1989년 6월 4일의 천안문 사건이 발생한 것이다. 이로써 개혁·개방 정책의 기수이며 경제에 그치지 않고 정치의 민주화를 진행시켰던 자오쯔양은 실각했다(2005년 1월 25일에 자택연금 중 사망).

천안문 사건 이후 덩샤오핑은 장쩌민(江澤民)을 총서기에 취임시키고, 나아가 군사위원회 주석의 직무도 겸임시켰다. 장쩌민은 개혁·개방 경제 정책을 계속하여 추진하는 한편 국내의 정치모순으로부터 국민의 눈을 돌리기 위해 민중 사이에 배외주의를 조장했다. '역사문제'라는 이름 아래 중일전쟁에서 싸웠던 일본이 공격의 표적이 되었고, 중국의 역사교과서에는 '난징 사건'에 대한 기사가 단번에 증가했다. 이러한 상황에서 1997년 2월에 덩샤오핑이 사망한다.

'탐관오리'의 대량 발생

2001년에 장쩌민은 경제발전이 만들어낸 새로운 사회세력과 공산당 일당독재의 상호 대립을 방지하기 위해 '3개 대표론'이라는 새로운 이론을 제기했다. 중국공산당은 '선진적 생산력', '선진적 문화', '더욱 광범위한 인민의 근본이익'이라는 세 가지의 '대표'가 되어야 하며, 사영기업 경영자(자본가)도 공산당에 입당시켜야 한다고 주장한 것이다.

그러나 자유경제의 무질서한 발전은 '3개 대표론'에 의해 수습될 수 있는 범위를 훨씬 넘어서고 있다. 도시에서는 국영기업의 개혁으로 실업자가 증가하고 사회불안이 증대하고 있다. 공산당은 사회불안을 배경으로 급속하게 확대되고 있는 종교단체인 파룬궁(法輪功)을 자신의 정치권력을 침범하는 존재로 여기고 잔혹하게 탄압했다.

국영기업이 주식회사로 전환되는 과정에서 경리를 담당하던 공산당원이 은행 융자로 주식을 취득한 뒤 경영자가 되어 자본가로 빠르게 탈바꿈하는 많은 사례가 보고되고 있다. 자본가가 공산당에 가입하는 것이 아니라, 공산당원이 자본가로 변신하는 것이다.

그리고 '뉴 리치(new rich)'라는 용어로 상징되는 바와 같이, 처참한 빈부 격차가 생겨나고, '탐관오리(뇌물을 탐내는 악덕관리=탐욕스러운 관리=부정부패를 일삼는 관리)'라는 봉건시대부터 존재했던 단어가 되살아나며 공산당원의 부패가 만연하고 있다. 부패는 공산당 지배의 구조적인 병폐를 드러내고 있으며 그 상황이 개선될 여지는 전혀 없다. 중국 정부는 매년 부정부패를 일삼는 수많은 간부들이 막대한 자금을 빼내 해외로 도주하는 사건을 공개적으로 보고하고 있다.

농촌에서는 1990년대부터 독립채산의 재무체제가 시작되어 행정 부문의 인사, 사무, 재정의 직무권한이 각 지방의 하부조직에게 위임되었다. 그런데 공산당원들은 축재에 열을 올리며 농민에 관한 법률을 무시한 채 처참한 착취를 자행하고 있는 것이다.

1980년대 농촌에서는 생산책임제의 도입으로 농민의 노동의욕과 농업생산력이 대폭적으로 향상되었다고 예찬했다. 그러나 지금은 인두세까지 출현하고 있어 각종 중세(重稅)를 견디지 못한 농민들이 농촌을 버리고 도시로 유출(流出)되는 심각한 상황이 발생하고 있다. 그리고 이러한 농민의 값싼 노동력으로 도시의 경제발전이 유지되고 있는 것이다.

농촌의 참상은 후베이성(湖北省)의 치판향(棋盤鄕, 향은 현의 아래에 설치된 말단의 행정조직)에서 공산당 서기로 근무했던 리창핑(李昌平)이 주위의 공산당원으로부터 받을 비판을 각오하고, 2000년 3월에 당시 국무원 총리 주룽지(朱鎔基)에게 직소한 상세한 보고서에 적나라하게 묘사되어 있다. 국무원은 이 직소를 수용하여 조사와 개선에 착수했는데, 지방 관료조직의 저지 때문에 농촌의 상황은 개선되지 못했으며 지방 간부의 반발을 산 리창핑은 공산당을 탈당했다.

리창핑은 탈당 이후, 사건의 전말을 기록한 『나는 총리에게 있는 그대로 말했다(我向總理說實話)』[4]를 출판했는데 이 책의 내용을 공개적으로 논하는 것은 금지되었다. 리창핑은 이 책에서 "…… 오직 상인과 관리만 연계되어 있으면, 경제개혁의 결과는 반드시 강도자본주의가 된다"[5]라고 갈파하고 있다.

애초에 깨끗한 제도는 중국에 존재하지 않았다

중화인민공화국에서의 사회주의 실현을 위한 노력은 평등하며 풍요로운 사회주의 사회와는 전혀 닮지 않은, 불평등하며 억압적인 사회를 만들어냈다. 그런데도 사회주의의 원칙으로 중국사회를 분석하려고 하기 때문에 혼란이 발생하는 것이다. 지금의 상황은 '관(官)'이 정치를 독점하고, 징세를 통해서 '민(民)'의 경제활동과 공존하던 전통적인 왕조 지배의 정치와 경제의 관계가 부활한 것이라고 이해해도 놀랄 만한 것이 아니다.

프롤레타리아 독재론(후술 예정)을 근거로 일당독재를 실행하고, 정치권력을 독점하여 중국 인민을 지도하는 공산당의 존재는 전통적인 '관(官)'의 모습 그 자체다.

---

4 李昌平, 『我向總理說實話』(光明日報出版社, 2002).

5 李昌平, 『中國農村崩壞』(日本放送出版協會, 2004), p. 38.

간부인 공산당원들은 1980년대 중반까지는 1급을 최고위로 하고 24급을 최하위로 하는 등급제도로 구분되었다. 그리고 인구의 0.01%밖에 되지 않는 13급 이상의 간부가 고급간부로 규정되어, 고대의 귀족과 마찬가지로 막대한 사회적 특권이 주어졌다. 이들에게 고대 중국의 제도에서 기원하는 일본 조정의 위계제도에서는 종5위 아래가 귀족의 구분선이었는데, 현대 중국의 13급은 거의 그 위치에 상당한다.

현재 일본의 관료사회에서는 등급제가 급료의 기준이 되고 있지만 관료들에게 주어지는 실질적인 특권은 없다고 해도 좋을 것이다. 그렇지만 중국의 간부들에게는 실제 귀족과 같은 특권이 주어지고 있다. 그들은 최근에는 부장(部長, 한국의 장관에 상당)급보다 이하, 국장급, 처장급, 과장급의 네가지 등급으로 분류된다고 하는데, 이는 과거의 등급제도와 거의 유사하게 기능하고 있는 것으로 여겨진다. 제도 하나만 보아도 공산당은 전통적인 것이다.

그리고 중국의 전통에 따르면, 관료란 정치권력을 밑천으로 재산 증식을 도모하는 존재이며, '민(民)'도 '관(官)'에게 뇌물을 주고 경제활동에 대한 편의를 제공받는다.

리창핑의 『나는 총리에게 있는 그대로 말했다』에는 리창핑과 막역한 고등학교 동창들이 등장해 공산당원의 부패를 비판한다. 그중 한 사람인 장사꾼 허(何) 씨는 탐욕스러운 간부[원문은 탐관(貪官)]는 증오스럽지만 동시에 마음에 든다고 했고, 다른 사람에게는 청렴한 간부[원문은 청관(淸官)]가 되면 좋은데 동급생에게는 탐욕스러운 간부가 되면 좋다고 말해 리창핑을 놀라게 한다. 그리고 허 씨는 그 이유를 다음과 같이 설명하고 있는데, 이 발언은 전통적인 관(官)과 민(民)의 관계가 현대에 되살아난 것을 여실히 보여준다.

탐욕스러운 간부를 증오하는 것은 일반인을 우려먹기 때문이며, 탐욕스러운 간부를 좋아하는 것은 돈을 움직이는 일은 탐욕스러운 간부를 품어야만 하기 때문이다. 다른 사람에게 청렴한 간부가 되면 좋겠다고 하는 것은 자신이 돈을 버는 것에 유리하기 때문이며, 동급생에게 탐욕스러운 간부가 되면 좋겠다는 것은 동급생의 관계를 이용하여 관(官)과 상(商)이 결탁하여 큰 돈벌이를 할 수 있기 때문이다.

그런데 중국사회에서는 이것이 자연스러운 모습이며, 이는 과거의 국민당 시대에도 마찬가지였다. 마오쩌둥의 비서로서 중국공산당의 정치이론의 구축에 기여했던 천보다(陳伯達)는 제2차 세계대전 이후의 국공내전 중에 『중국 4대가족(中國四大家族)』[6]을 출판했는데, 국민당 정권 아래에서, 도시에서 기업(대부분은 일본인이 경영했던 기업을 접수한 것)은 관료의 부정부패로 가득한 비능률적인 경영을 일삼으며, 노동자를 끊임없이 착취한다고 비판하고 있다.

리창핑과 천보다의 비판 사이에는 50년 정도의 시간 간격이 있으며, 농촌과 도시라는 상황 차이도 있다. 그런데 양자는 완전히 동질의 부조리한 상황을 비판하고 있는 것이다. 그리고 과거에는 비판자였던 공산당이 현재에는 공산당 내부로부터 비판을 받고 있는 것이다.

이상의 서술에서 다음과 같은 사실을 알 수 있다. 깨끗한 제도를 오염시키는 것이 부정부패라면, 공산당원을 포함한 중국 관료들의 행위를 부정부패라 부르는 것은 정확하지 않다는 것이다. 왜냐하면 중국에

6 陳伯達, 『中國四大家族』(長江出版社, 1947).

서 깨끗한 제도는 애초에 존재하지 않았으며 오히려 부정부패가 정상적인 상태였기 때문이다.

오늘날 중화인민공화국의 상황은 중국사회의 여러 전통적 요인들과 외래의 사회주의 사상이 결합해 만들어진 것이며, 실로 '중국 특색의 사회주의'이다. 도대체 어떤 과정을 거쳐 외래의 사회주의가 중국의 전통과 결합하여 과거의 왕조지배와 같은 억압적인 사회를 만들어낸 것일까.

제1장

허상의 중화인민공화국

1. 사회주의와 봉건주의 사이에서

전통의 부정인가, 전통과의 결합인가

중국 국내의 정치사 연구에서는 '전통'과 '봉건'이 자주 동의어 혹은 표리일체의 개념으로 등장한다. 1930년대에 활발하게 전개되며 중국 사회의 역사적 특색에 대해 다양한 각도에서 논쟁한 '사회사 논전' 이후, '봉건'의 내용에 대한 논의가 중국 국내에서 있어왔다. 이 때 '전통'과 '봉건'을 동의어로 사용하는 것은 다음과 같은 인식의 영향이다.

즉, 20세기 초까지 계속된 역대 여러 왕조의 정치 지배체제를 '전통'으로 파악한다. 또한, 역대 여러 왕조의 정치 지배체제는 동질적인 것으로 이해한다. 그리고 그 동질성을 '봉건'으로 파악한다면 '전통'과 '봉건'은 동의어 내지는 표리일체의 개념이 된다.

전통적인 봉건왕조인 청조는 1911년 신해혁명으로 붕괴하고, 1912년에 중화민국이 성립되었다. 그리고 9년 후인 1921년에 중국공산당이 출현한다. 그러나 당시 베이징(北京) 자금성 내부에는 중화민국 정부로부터 세비를 지급받는 청조 최후의 황제 푸이(溥儀)가 생활했으며, 군벌 펑위샹(馮玉祥)이 쿠데타를 일으켜 푸이를 자금성에서 쫓아낸 것은 1924년의 일이었다. 이 사실을 통해서 중국 근현대사가 '전통'과 '봉건' 나아가 '사회주의'가 혼재하며 진전될 수밖에 없었던 상황을 이해할 수 있다.

그러나 청조의 붕괴는 봉건왕조의 교체라는 전통의 계속이 아니라, 전통을 부정하고 새로운 체제를 창출하려는 19세기 말 정치적 흐름의 결과였다. 그리고 1921년의 중국공산당 출현은 전통의 부정이 대전제였다.

그 이후 28년 동안의 긴 내란과 대외전쟁(중일전쟁)을 거쳐 1949년에 중국 대륙에는 사회주의의 완성을 추구하는 중화인민공화국이라는 새로운 국가가 수립되었다. 그런데 그 정치적 지배체제는 결국 중국의 전통과 결합되어버렸다.

1958년 8월에 마오쩌둥이 피서지 베이다이허(北戴河)에서 각 성(省)의 공산당 서기들을 앞에 두고 논한 말만큼 이러한 사실을 명백하게 말해주는 것은 없다.

> 법률에 의거하여 많은 사람을 다스릴 수 없으며, 관습의 양성에 의거하지 않을 수 없다. …… 헌법은 내가 참여하여 제정한 것이다. 그러나 나는 기억하고 있지 않다. …… 우리의 매 회(回) 결의는 모두 법률이다. 회의도 법률이다. 치안조례도 관습을 양성해야만 준수된다. …… 각종 헌장(憲章)에 기초한 우리의 제도 90%는 관계 당국이 만든 것이다. 우리는 기본적으로 이런 것에 의존하지 않고, 주로 결의와 회의에 의거한다.

…… 민법과 형법에 의거하지 않고 질서를 유지한다. 인민대표대회와 국무원의 회의는 인민대표대회와 국무원의 회의이며, 우리는 우리의 것에 의거하는 것이다.[1]

마오쩌둥의 사상은 법률을 기초로 통치하는 법치사상이 아니다. 관습의 양성을 중시하는 점은 최고권력자인 황제가 도덕으로 인민을 감화시켜 통치하는 전통적인 인치(人治)의 정치사상과 다름없다. 이는 실로 중국의 전통인 봉건적 정치사상이었다. 그리고 이 봉건적 정치사상이 공산당에 의한 일당독재라는 새로운 사회주의의 옷을 입고 등장했던 것이다.

당시 마오쩌둥은 공산당 주석, 공산당 군사위원회 주석, 중화인민공화국 주석을 겸무했고, 이는 황제적 권력을 방불케 했다. 마오쩌둥의 담화를 들었던 성의 공산당 서기들은 결국 봉건시대의 지방장관인 것이다. 그리고 마오쩌둥의 황제적 권력의 실태는 1966년에 시작되는 문화대혁명에서 적나라하게 드러난다.

아무것도 변화하지 않은 중국사회

중화인민공화국에서 사회주의와 전통(봉건)의 결합은 이미 중국공산당 스스로도 심각하게 인식하고 있었다. 1979년 9월 ≪역사연구(歷史硏究)≫ 제9호에 발표된 리인허(李銀河)·린춘(林春)의 논문 「중국 사회주의 건설시기의 '봉건 잔재'와의 투쟁에 대한 시론(試論我國建設社會主義時期反

1 Stuart R. Schram, 『毛澤東の思想』(蒼蒼社, 1989), p. 188.

封建殘餘的鬪爭)」과 이어서 10월 제10호에 게재된 왕샤오창(王小強)의 논문 「농민과 봉건(農民與封建)」은 이러한 공산당의 문제의식을 남김없이 보여준다.

≪역사연구≫는 중국사회과학원(1977년 설립)의 연구동향을 보여주는 저명한 월간지이며 리인허, 린춘, 그리고 왕샤오창이 중국공산당 중앙의 의사를 토대로 실행했을 것임은 말할 필요도 없다.

리인허와 린춘은 여성이고, 2014년 현재 리인허는 중국사회과학원의 교수, 린춘은 런던 정경대학(LSE: London School of Economics and Political Science)의 교수이다. 왕샤오창의 현황은 장기간 불명이었는데, 이 책이 간행되기 직전에야 왕샤오창과 교류가 있던 쓰지 고고(辻康吾) 교수로부터 정보를 전해 들었다. 쓰지 고고에 따르면, 왕샤오창은 천안문 사건 이후에 소식이 두절되었는데 2005년에야 중국어로 쓰인 최근의 저작과 투자회사 직원으로서의 직책을 기록한 명찰을 홍콩에서 쓰지 고고에게 보냈다고 한다. 그 저서는 왕샤오창이 집필한 『문명충돌의 배경: 이슬람 원리주의의 부흥을 읽는다』[2]이다.

덩샤오핑은 1980년대부터 개혁·개방 정책을 추진하면서 새로운 정책에 관한 이론적 기초를 제공해야 했다. 개혁·개방 정책의 요점은 국가의 관리 아래 자본주의를 추진하는 것이며 리인허, 린춘 그리고 왕샤오창의 임무는 개혁·개방 정책의 정당성을 마르크스주의 이론을 이용해 해설하는 것이었다.

우선 리인허와 린춘이 집필한 논문의 논점부터 살펴보도록 하겠다.

---

2 王小強, 『文明衝突的背後: 解讀伊斯蘭原教旨主義復興』(香港: 大風出版社, 2004).

리인허·린춘의 논문은 중화인민공화국의 성립이 사회변동에 기초한 '사회혁명'이 아니라 정치권력만이 교체된 '정치혁명'이었다고 논하고 있다. 요컨대, 중국은 표면적으로는 새로운 사회가 되었지만 그 내실은 아무것도 변화하지 않았다는 것이다. 그리고 자본주의가 발달하지 않았기 때문에 중화인민공화국에는 사회주의의 실현에 필요한 대규모 생산양식은 존재하지 않았으며, 봉건시대와 마찬가지의 개체적이면서 수공업을 토대로 하는 소규모 생산양식이 존속했다고 한다.

마르크스주의 이론에 기초한다면 사회의 생산양식에 변화가 일어나지 않으면 새로운 사회적 변화는 발생하지 않으며, 기존의 생산양식에 대응하는 구(舊)사회가 계속된다. 리인허·린춘의 논문은 중화인민공화국에서는 봉건시대와 마찬가지의 소규모 생산양식이 극복되지 않고 존속된 결과, 이에 대응하는 봉건주의가 발생했으며 그 최대의 피해는 인권을 무시한 정치적 박해와 생산 현장의 대혼란을 초래한 문화대혁명이라고 논단한다. 그리고 중화인민공화국의 성립 이후 실시한 토지개혁과 상공업의 사회주의화에 대해서도, 농업생산이 기본적으로 수작업이었고 공업에서도 설비가 새로워지지 않았으며 생산력 또한 심각하게 저하되었다는 부정적인 평가만을 내리고 있다.

리인허·린춘의 논문은 봉건주의가 사회주의 옷을 입고 출현한 이유에 대해, 자본주의를 비판한다는 점에서 봉건주의와 사회주의는 공통되기 때문이라고 논한다. 예를 들면, 경제 영역에서 사회주의는 계획경제에 의거해 자본주의의 무질서한 상품생산에 반대하는데, 봉건주의도 자급자족 경제를 토대로 자본주의의 상품생산에 반대한다. 정치 영역에서 사회주의는 '직접 민주제도'에 의거해 자본주의의 대의제도에 반대하는데, 봉건주의도 '군주 전제'를 배경으로 자본주의의 의회제도와 법률제도에 반대한다.

특히 중국의 경우, 자본주의가 제국주의와 결합되어 중국에 침입했기 때문에 자본주의에 대항하는 구(舊)세력이 애국자의 성격을 띠었고 유럽의 자본주의를 배우고자 하는 개혁파는 서구 숭배자라는 부정적 낙인이 찍혀 있었다. 이와 같은 사상적 풍토 아래 자본주의를 비판하는 것을 통해 봉건주의가 사회주의로 위장할 수 있었다.

그렇다면 중화인민공화국은 어떤 길을 걸어야 하며, 또한 걸어야 했던 것일까.

리인허·린춘의 논문에 따르면 건국 당초, 생산력의 발전을 촉진하기 위해서 국가의 관리 아래에서 자본주의의 일정한 발전이 반드시 필요했다고 한다. 그런데 중국은 자본주의적 생산양식을 새로운 사회의 유일한 적으로 보았기 때문에, 그렇지 않아도 미숙한 상태에 머물러 있던 자본주의적 생산양식은 발전의 맹아가 잘려 나가고 기존의 생산관계가 온존되었다는 것이다.

그래서 당장의 과제는 생산력의 발전을 촉진하기 위한 국가의 관리 아래 자본주의의 일정한 발전이 반드시 필요하다는 것이며, 이로써 현재 중국의 개혁·개방 정책의 타당성이 뒷받침된다.

리인허·린춘의 논문은 자본주의적 생산방식의 도입으로 생산력이 향상되면 생산 현장의 폐쇄적인 틀이 무너지고 사회가 유동화되어 사람들 사이의 교류가 활발해지며, 이와 함께 사상의 자유화가 진전되어 민주화도 추진될 것을 예측하고 있다. 따라서 자본주의 생산양식의 도입 자체가 풍요로움뿐만 아니라 민주적인 사회주의를 만드는 방법이라고 논한다. 실로 '중국의 특색을 지닌 사회주의'의 시작에 걸맞는 논문인 것이다.

그러나 개혁·개방 정책이 시작된 지 10년 후 경제의 자유화는 정치 독재와 충돌하고 결국 천안문 사건이 일어난다.

공산당의 벗어날 수 없는 봉건적 체질

왕샤오창의 논문은 리인허·린춘의 논문이 다루고 있는 봉건주의의 발생 원인을 공산당의 체질로부터 분석하고 있으며, 중국공산당이 봉건적 체질이 다분하게 남아 있는 농민을 중심으로 한 조직이었다는 사실에서 문제의 원인을 찾고 있다.

왕샤오창의 논문은 중국사에서는 농민폭동이 반복되었고 그때마다 새로운 정치권력이 수립되었는데 결국 동질적인 봉건제도가 반복되어 수립되었다고 말한다. 리인허와 린춘이 집필한 논문의 논법에 따르면 이는 사회를 뒷받침할 생산양식에는 어떤 변화도 없는 단순한 정치권력의 교체인 것이며, 결과적으로 이전과 똑같은 사회상태가 계속되었다는 것이다.

그러나 왕샤오창의 논문은 마오쩌둥이 "중국공산당의 무장투쟁은 프롤레타리아가 지도하는 농민전쟁이다"[3]라고 논한 사실을 지적하며, 중화인민공화국의 성립은 전통적인 봉건왕조의 출현과는 본질적으로 다른 것이었다는 점을 확인하고자 한다.

그렇지만 이에 이어지는 기술에서 프롤레타리아의 농민폭동에 대한 참가는 매우 한정적이었으며, 혁명의 주력은 농민이었고 그 결과 새로운 정치권력은 전통적인 농민사상의 강력한 영향 아래에 있게 되었다

---

3 마오쩌둥, 「≪공산당인(共産黨人)≫ 발간사」(1939年 10月).

고 논한다. 그리고 공산당은 중화인민공화국의 성립 이후 전통적인 농민사상을 극복하려고 노력했지만, 사회의 계급구성과 혁명 지도부 내부의 출신계급의 구성은 인간의 의사로 바뀔 수 없는 객관적 실재라고 논하면서 농민의식이 불식되지 못한 사실을 확인하고 있다.

왕샤오창의 논문은 1956년에 공산당원 86%가 프롤레타리아(노동자) 계급 출신이 아니었고, 농민 출신이 69.1%였다고 논한다. 그리고 이러한 다수의 비(非)프롤레타리아 계급 출신자가 '천하를 취하여, 천하의 주인이 된다'는 농민의식과 평균주의에 기초한 농업사회주의의 사상(가난보다 불평등을 싫어하는 전통적 농민사상, 개혁·개방 정책의 개시 이후에는 생산력의 발전을 저해하는 '나쁜 평등'으로서 비판받음), 나아가 봉건적 가부장제도의 작풍(태도, 행위)을 초래하여 공산당 내부에 대단히 심각한 영향을 주었다고 논한다.

왕샤오창의 논문은 결론에서 리인허·린춘의 논문과 마찬가지로 이 상황을 극복하는 방법은 국가 관리 아래의 자본주의 도입이라고 주장하고, 이를 통해 생산력이 향상되고 인적인 교류도 활발해져 사상의 자유화가 진전된다고 말한다. 그리고 이러한 기초 위에서 풍요롭고 자유로운 사회주의 사회를 건설하자고 호소하고 있다.

당연히 ≪역사연구≫에 발표된 두 편의 논문은 중화인민공화국의 성립과 사회주의 건설을 절대적으로 긍정하고 있으며 마오쩌둥의 정당성 또한 옹호하고 있다. 그러나 신중한 표현으로 전개되는 논의의 핵심은, 봉건시대부터 변화되지 않는 생산양식 위에 성립된 중화인민공화국이 중국 역사에서는 왕조 교체의 쉼표 가운데 하나이며 새로운 '공산당 왕조'의 성립에 지나지 않았다는 점이다.

허상의 중화인민공화국

오랜 기간 이와 같은 중화인민공화국의 실상을 외부세계에서는 알지 못했다. 중화인민공화국이 성립 이후 얼마 안 되어 서방세계와 교류를 단절했기 때문에, 국내의 실정이 이전처럼 일반 미디어를 통해서 국외에 전해지지 않았던 것이다. 그 대신 전해진 것은 중국공산당이 관제 미디어인 신화통신사(新華社, 신화사)와 ≪인민일보(人民日報)≫를 통해 흘린, 사회주의의 실현에 매진하는 중화인민공화국을 찬미하는 조작된 정보뿐이었다.

확실히 문학, 사회학, 경제학 등의 학술정보는 서적을 통해 외부에 전해졌다. 그렇지만 이는 중국공산당 사상통제 아래의 산물이었기 때문에 공산당 지배의 현실에 대한 심각한 논의는 없었으며, 마르크스주의를 원용하여 중화인민공화국의 출현과 장래를 찬미하는 것뿐이었다. 그런데 이러한 정보의 대다수가 외부세계에서는 그대로 수용되었다.

그 원인은 일본의 경우, 제2차 세계대전 이후의 사상계에서 일본공산당의 권위가 높았고 그 정치사상인 마르크스주의가 큰 영향력을 발휘했던 사실에서 찾을 수 있다.

일본공산당의 지도자들은 탄압에 굴복하지 않고 전쟁에 반대했으며, 패전 이후에는 민주화와 평화운동의 기수가 되었다. 이와 같은 상황을 배경으로 사람들은 마르크스주의를 평화와 민주주의를 가져오는 사상으로 신봉하기 시작했고, 마르크스주의를 국시로 하는 중화인민공화국에도 깊은 친근감을 갖고 '신(新)중국'의 연구를 개시했던 것이다(소련과 심지어 북한에 대해서도, 마찬가지의 사상적 상황이 존재했다!). 그리고 중국의 실정(實情)을 전하는 정보는 두절된 채, 같은 마르크스주의자로서의 연대감에서 중국공산당의 조작된 정보를 무비판적으로 수용하는 사상적 풍토가 고착화되어 버렸다.

중국공산당은 청조 말기부터 전개된 개혁운동과 혁명운동을 배경으로 스스로 권력을 확립한 과정을 마르크스주의의 역사이론으로 설명하고자 했다. 이른바 '정사(正史)'의 편찬이다. 이를 통해 스스로의 역사적 정통성과 정치적 주도권을 주장하는 것이다.

이러한 상황이었음에도 마르크스주의의 역사이론이 역사분석의 기준이 되었던 전후 일본의 중국 연구에서는 중국공산당의 '정사'는 무조건적으로 긍정되었다. 중국공산당의 역사적 정통성에 의심의 여지는 없으며, 중화인민공화국의 출현은 이를 실현한 것으로 여겨졌다. 그리고 이러한 기본 인식 위에서 어떻게 중국공산당의 역사적 정통성의 자취를 더듬고 확인할 것인가에 대한 논의가 쟁점이 되었던 것이다.

신(神)을 절대적으로 긍정하고 신의 존재를 어떻게 인식하는(찬미하는)가에 대한 의견을 두고 논쟁하는 것이 '신학연구'이다. 마찬가지의 상황이 일본의 '역사연구'에서 발생했던 것이다. 그 결과 오늘날의 시각에서 보면, 중화인민공화국의 실정을 전했던 홍콩과 타이완(臺灣)을 경유한 정보는 중화인민공화국의 실상을 왜곡하는 '반(反)중국 선전'으로 소외되었다. 이 정보들에 기초해 형성된 중화인민공화국에 대한 '비판적 관점'은 이단시되었던 것이다.

중국공산당은 국민당과의 내전 중인 1946년에 자신의 군대를 인민해방군으로 개칭하고 1949년에 중화인민공화국을 수립한다. 그리고 중화인민공화국의 성립을 속박받고 있던 중국이 각종 억압에서 '해방'된 것이라고 표현했다. 이러한 표현법은 일본의 중국 연구에서도 그대로 사용되었고, '해방 이전'과 '해방 이후'라는 용어가 중화인민공화국의 성립 이전과 성립 이후를 표현하게 되었다. 이는 그리스도의 탄생을 기준으로 기원전과 기원후로 표기하는 것과 같은 것이며, 일본에서의 중국 연구의 대전제가 중화인민공화국의 무조건적 긍정에 있었던 것을 보여준다.

이와 같은 상황은 마르크스주의의 영향에 관계없이 구미 국가들에서도 마찬가지였다. 구미 국가들의 현대 중국 연구는 태평양전쟁 중에 동아시아에 대한 연구를 비약적으로 발전시켰던 미국을 중심으로 진행되었다. 그리고 태평양전쟁 중에 뚜렷해진 중국국민당의 (오늘날의 중국공산당에도 공통되지만) '부정부패 체제'에 대한 혐오감과, 마오쩌둥이 이끄는 공산당이 소련의 세력권에서 벗어나 독립적인 민족주의 노선을 걷는 것이 아닌가 하는 기대감이 더해졌고, 그 결과 중국공산당의 지배체제를 용인하고 중국공산당 출현의 역사과정을 긍정적으로 파악하는 연구 자세가 고착화되었다.

그러나 필자의 입장에서 볼 때 일본의 경우와는 달리, 구미 국가들의 현대 중국 연구에서는 영어로 '해방'의 의미인 'liberation'이 중화인민공화국 성립의 동의어로 사용되지는 않았다. 그것만으로도 (일본에 비하면) 중국과의 사이에 냉정한 거리가 유지되었다고 할 수 있다.

2. 전통과의 결별을 추구하는 중국

청조 말기의 개혁·개방 정책

전통의 부정을 목표로 하여 출현한 중국공산당은 전통으로 회귀해 버렸다. 이 경위를 이해하기 위해서 우선 처음으로 청조 말기에 출현하여 신(新)체제를 수립해 전통과 결별하고자 했던 정치적 조류를 확인해야 한다. 마오쩌둥 등을 포함한, 결국 마르크스주의를 수용하여 중국공산당원의 제1세대가 되는 주요 인물들은 이와 같은 정치적 흐름 속에서 유년기를 보냈다.

1895년 청일전쟁에서 패배한 이후, 청조에서는 혁신 관료인 캉유웨이(康有爲)가 광서제(光緖帝)의 지지 아래 1898년 6월부터 대규모의 행정개혁을 시작했다. 그해의 간지(幹支)인 무술(戊戌)을 따서 무술변법(戊戌變法, 변법이란 법률과 제도를 변화시키는 것을 지칭함)이라 부른다. 군대의 쇄신, 새로운 교육제도(학교)의 개설, 식산흥업(殖産興業)을 위한 새로운 부처의 설치, 관청의 통폐합 등 연거푸 신속하게 새로운 정책들이 공포되었다.

그러나 실직 위기에 내몰리게 된 보수파의 정변으로 행정개혁은 좌절되고, 광서제는 서태후(西太後, 광서제는 서태후의 조카이며, 그녀는 광서제의 유년 시기에 섭정을 했음)에 의해 유폐되고 캉유웨이는 일본으로 망명했다.

그 이후 청조는 의화단사건으로 일본을 포함한 8개국 연합군과의 전쟁에서 크게 패하고 많은 액수의 배상금 지불로 어려움을 겪게 되었다. 의화단사건은 외국인을 배척했던 민간 종교단체인 의화단과 청조의 정규군이 연합해 열강들에게 선전 포고를 하고 베이징에 주재하는 외교공관 지역을 공격한 사건이었다. 의화단사건은 중국근대사에서 가장 강도가 심했던 배외운동 가운데 하나이다.

그런데 청조는 의화단사건 이후 1901년을 기점으로 서태후의 치하에서 일전하여 개혁·개방 정책을 단행하고, 정치·사회·문화 영역에서 서유럽 모델에 기반을 둔 근대화를 추구하기 시작한다. 최대 개혁은 관리등용 시험인 과거가 1905년에 폐지되고 대규모의 유학생들이 해외로 파견된 것이다. 이때 유학생의 대다수는 일본으로 갔는데, 당시 러일전쟁에서 승리한 일본으로부터 배우려는 기운이 높아졌기 때문이다.

그리고 일본의 제도를 참고로 초등학교로 시작되는 신식 학교가 중국 각지에 설치되었고, 신식 학교의 교과서 내용은 기존의 고전교육 편중을 배제하고 이과, 수학, 영어 등이 채택되었다. 1890년대에 출생한 마오쩌둥(1893년 출생), 저우언라이(1898년 출생), 류사오치(1898년 출생) 등이 이 교육제도 아래 배출된 제1세대였다. 1910년대 말부터 도시의 학생층이 증가하게 되면서 그들은 적극적으로 정치운동과 연대했다.

이 기간 청조의 체제개혁은 희망이 없다고 판단하고, 청조를 타도하고 공화국을 수립하려 하는 혁명단체가 출현했다. 1894년에 쑨원(孫文)이 하와이에서 결성한 흥중회(興中會)가 바로 그것이다. 흥중회는 이민족인 만주족의 추방을 표방하는 '한족(漢族) 중심주의'를 내세웠던 정치적 결사조직이다. 흥중회는 커다란 정치변동을 야기하지는 못했지만, 유동적인 정치적 상황 속에서 흥중회 이외에 청조 타도를 추구하는 '한족 중심주의'를 기치로 내건 혁명단체들이 출현했다. 1904년에 일본에 유학했던 학생들을 중심으로 결성된 화흥회(華興會)와 광복회(光復會)가 그것이다.

1905년에는 이러한 혁명단체가 일본에 망명 중이던 쑨원을 중심으로 도쿄에서 회동하여 중국동맹회(中國同盟會)가 결성되었다. 결국 이 조직 내에서 중국국민당이 출현하게 되며, 1921년에 성립하는 중국공산당과의 합작으로 중국사는 크게 진전된다.

중국동맹회는 만주족 추방을 제창한 전통적인 비밀결사[회당(會黨)]를 혁명의 무력으로 이용하여, 여러 차례의 반(反)청조 폭동을 거행했다. 또한 청조의 개혁·개방 정책 아래 유럽 모델의 신식 군대로서 육성된 '신군(新軍)'을 향한 움직임에도 적극적이었다. 마오쩌둥과 함께 중국근대사를 대표하는 인물인 장제스(蔣介石)는 1908년 '신군'의 간부 후보생으로 일본 유학을 위해 파견된 이후, 도쿄에서 중국동맹회에 참가한다.

생각지 못한 왕조의 와해

청조는 1906년 일본을 모델로 하는 입헌군주제의 출범을 예고했다. 그리고 1908년에는 「흠정헌법대강(欽定憲法大綱)」을 공포하고, 9년 후에 국회의 설치를 약속했다. 마치 메이지(明治) 시기 일본의 자유민권운동과 일본정부의 관계를 방불케 하는 상황이다.

그 이후 1909년에는 제한선거로 선출된 대의원으로 구성된 자의국(諮議局)이 각 성에 성립되었다. 당선된 의원은 향신(鄕紳)이라고 불리는 재야의 신사(紳士, 과거 합격자가 중심인 지방의 명사들)이었다. 1910년에는 국회를 본보기로 하여 자의국 의원의 일부와 황제가 임명하는 의원으로 구성된 자정원(資政院)이 베이징에 성립되었다.

현재 중국 내의 정치사 연구에서는 자의국과 자정원의 설치는 청조에 의한 형식적인 권한위양에 지나지 않았다고 설명하고 있다. 그러나 자정원은 별개로 하더라도 자의국은 예산, 세금, 각종 규제와 규정, 공채(公債)의 모집 등에서 실질적 결정권을 행사했으며, 청조가 '관(官)'으로서 독점하고 있던 여러 권리도 '민(民)' 측에 이양되었다. 자의국은 현재 공산당의 지배 아래 중국에서 공산당의 결정을 추인하는 기관에 지나지 않는 인민대표대회에 비하면 훨씬 영향력 있는 의사(議事) 기관이었던 것이다.

정치체제 개혁과 병행하여 문화 분야와 교육 분야의 개혁도 진행되어 민간 자본의 신문사가 생겨났고, 이를 통해 오늘날 중국 대륙에서 볼 수 있는 사회자본의 기초가 형성되었다. 그리고 이러한 조직이 자의국의 의견을 지지하고 정치체제의 개혁을 진전시켰다.

이에 따라 사회 전체적으로 자의국, 자정원, 헌법을 기초로 하는 청조의 입헌군주제에 대한 기대감이 커진다. 반면 이민족 왕조를 타도하고 공화제 수립을 주장하는 동맹회의 활동은 침체되었다.

대다수의 지식인에게 만주족에 대한 반발은 이미 해결된 문제였다. 그 때문에 만주족을 추방하고 중화를 회복하자고 제창하는 쑨원 등 동맹회의 영향력은 지식인들 사이에서 한계가 있었다. 반(反)만주족을 기치로 내세우고 이미 여러 차례의 반정부 폭동을 감행한 비밀결사 조직들 사이에서도 '반만(反滿) 의식'은 사실상 희미해져 가고 있었다.

그 이후 지방의 신사 집단은 자신들의 정치적 권력을 더욱 확대해줄 것을 요청했으며, 1910년에는 국회의 즉시 설치를 요구했다. 이에 청조는 1913년으로 설치기한을 앞당겼고, 그와 동시에 국회 개회를 요구하는 여러 단체의 해산을 명했다. 또한 1911년 5월에 외국의 차관을 기초로 한 철도 국유화 정책을 결정하고, 신규 철도 부설권을 포함한 철도경영의 모든 것을 열강들의 지배에 맡기려 했다. 이 결정은 각 성 내에서 민영방식으로 철도건설을 추진했던 신사들의 이해와 정면으로 대립하여, 쓰촨성(四川省)을 포함한 각지에서 철도 국유화에 반대하는 폭동이 일어난다. 그리고 이러한 충돌 과정에서 만주족과 한족 사이의 민족문제가 결부되어 동맹회의 활동은 활기를 띠게 된다.

이와 같은 상황 아래, 후베이성(湖北省)의 우창(武昌)에서 동맹회 회원이 이끈 신군(新軍)의 봉기가 기폭제가 되어, 각 성에서 실권을 장악한 신사들은 청조로부터의 이탈을 선언한다. 이에 혼란의 책임을 지며 청조의 황제는 퇴위하고 1911년[간지로는 신해(辛亥)의 해], '신해혁명'이 달성된다.

그러나 '혁명'에 의해 청조의 황제가 참수되었던 것은 아니다. 황제 푸이는 퇴위 이후에도 자금성의 내성(內城)에 거주할 수 있었고, 이전과 마찬가지의 생활을 10년 이상이나 계속했다.

신해혁명의 혼란을 수습하고 황제의 퇴위와 중화민국의 성립을 실현시킨 사람은 초대 중화민국 대총통에 취임한 위안스카이(袁世凱)였다. 위안스카이는 최강의 군사력을 과시한 신군, 베이양군(北洋軍)의 우두머리이며, 우창에서 혁명이 발발한 이후 그 군사력을 바탕으로 청조 측과 혁명세력 측을 교묘하게 조종하면서 자신의 권력을 확립했다.

철저하지 않은 혁명의 결말로

신해혁명은 쑨원의 동맹회가 압도적 무력과 사상적 영향력을 바탕으로 청조를 타도한 혁명이 아니며, 큰 사회적 변동이 있었던 것도 아니다. 청조 말기에 진행된 지방분권으로 각 성에서 정치권력을 확립한 신사들이 청조라는 중앙정부의 권위를 부정하고 독립을 선언했을 뿐이며, 신사들 사이에 새로운 정치통합에 대한 합의도 없었다.

후베이성의 우창에서 신군이 봉기했을 때, 쑨원은 재미(在美) 화교로부터 혁명 자금을 모금하는 여행을 하던 중이었고, 콜로라도주 덴버(Denver)시에 체류하고 있었다. 그는 머물던 호텔의 영자신문을 통해 사태를 알게 되어 귀국길에 올랐고, 1911년 말에 상하이로 돌아왔다.

신해혁명 이후 정치권력의 지도부를 구성했던 것은 신군의 핵심이었던 위안스카이의 베이양군, 쑨원 등의 동맹회, 각 성에서 세력을 증대시키고 있던 신사 집단, 그리고 각 성에 주둔하고 있던 신군 부대의 장교들이었다. 그러나 각 세력들 간에 정치 운영에 관한 합의는 없었으며, 주도권을 둘러싼 복잡한 권력투쟁이 전개되면서 중국은 큰 혼란을 맞게 된다.

1912년 4월에는 중의원과 참의원으로 구성된 양원제 국회와, 「임시약법(잠정헌법)」을 기초로 하며, 베이징을 수도로 삼은 중화민국이 정식으로 성립되었다. 초대 대총통은 위안스카이였다. 쑨원이 이끄는 동맹회도 여러 정당들을 흡수하여 국민당으로 재편되었고, 1912년 말부터 1913년에 걸친 선거를 통해 국민당은 의회의 과반수를 장악한 최대 정당이 되었다.

국민당은 의회의 다수인 점을 이용하여 헌법에 규정된 국무총리를 중심으로 의원내각제를 수립하고 위안스카이의 권력을 무력화하려고 했다. 그런데 계획의 급선봉이며 사실상의 당수였던 쑹자오런(宋教仁)이 1913년 3월에 위안스카이의 밀명에 의해 암살된다. 이에 7월 국민당은 위안스카이를 타도하기 위해 군사행동을 일으켰지만 위안스카이는 이를 즉각 진압했고, 11월에 국민당의 해산을 명했다. 그리고 1914년 1월, 위안스카이는 의회의 활동을 정지시켰다.

위안스카이는 군사력을 배경으로 하여 강력한 권력을 행사했다. 그는 현실을 파악하고 있던 정치가였으며, 그의 정치적 비전은 중국을 근대화시키는 것이었다. 청조 시대부터 위안스카이의 심복이며 1903년에 일본을 시찰하고 돌아와 실업의 진흥을 제창했던 저우쉐시(周學熙)가 중화민국 정부의 재정총장에 취임했다. 저우쉐시는 1915년에 실업은행과 농공은행의 설립을 제안하고, 위안스카이의 승인 아래 주식제도에 의한 대규모 방적공장을 설립했다.

위안스카이는 막강한 군사력을 바탕으로 새로운 국가체제를 통제할 수 있는 유일한 인물로서 공화체제를 대신하는 입헌군주제를 실현하려고 했으며, 1915년 말에 자신이 황제의 자리에 즉위한다고 선언했다. 위안스카이의 막료 중 한 사람인 양두(楊度)는 정권의 교체 과정에서 나타날 수 있는 혼란을 방지하고 국가를 안정시키기 위해서는 공화체제보다 입헌군주제가 좋은 방책이라고 주장했고, 위안스카이는 이 건의를 받아들이는 형태로 황제즉위를 결심했던 것이다. 위안스카이의 정책 고문이었던 미국인 법학자 프랭크 굿윈(Frank Goodwin)도 정권의 혼란을 방지하는 방법으로써 입헌군주제의 수립을 지지했다.

그러나 위안스카이의 황제즉위 선언으로 부하 군인들은 등을 돌리게 되었고, 그는 이듬해 1916년 3월 황제즉위 선언을 철회했다. 그리고 6월에 위안스카이는 실의에 빠진 채 사망했다.

한편 입헌군주제를 추진했던 양두는 1928년에 상하이에서 저우언라이의 승인을 받고 중국공산당에 입당한다. 나아가 양두는 공산당의 승인 아래 상하이를 근거지로 하는 비밀결사 조직인 청방(青幇)의 수령이었던 두웨성(杜月笙)의 '문서 비서'가 되어 생활비를 지급받으며 저술 활동에 전념했다. 1920년대의 중국에서는 입헌군주제의 추진자가 공산당에 입당하는 것에 위화감이 없었고, 공산당과 청방이 공존관계였다는 것을 알 수 있다. 공산당과 청방의 관계에 대해서는 필자의 『제1차 국공합작 연구: 현대 중국을 형성한 양대 세력의 출현』[4] 제5장에 상세하게 다루고 있다.

1916년에 위안스카이가 사망하자 그의 부하 군인들이 각자 파벌을

4 北村稔, 『第一次國共合作の硏究: 現代中國を形成した二大勢力の出現』(岩波書店, 1998).

형성하면서 중앙 정치권력은 분산되기 시작했다. 전국 각지에서는 신군을 중심으로 무수한 군사집단(군벌)이 출현했고, 그들은 중앙의 권력투쟁에 가담해 세력 확장을 추구하며 상호 간의 전투를 벌였다. 그들은 대규모의 사병을 양성하고 각 성의 신사 그룹을 그들의 지배 아래 두어 권력기반을 구축했다. 이에 따라 중국은 군벌 간의 내전이라는 수습할 수 없는 대혼란에 빠지게 된다.

이러한 대혼란이 수습되고 중국이 다시 독립국가의 위치를 되찾기 위해서는 1949년 중화인민공화국의 성립을 기다려야만 했다. 그리고 중화인민공화국은 말할 필요도 없이 중국공산당이 수립한 국가이며, 마르크스주의 이론에 기초한 장기간에 걸친 정치운동의 결과로서 출현한 것이었다.

그렇다면 마르크스주의는 도대체 어떤 사상이며, 어떻게 중국으로 전해졌고, 어떤 이유로 큰 영향력을 발휘할 수 있었을까.

제2장

마르크스주의가 중국에 들어온 이유

1. 마르크스의 예언

사회주의 사상의 발흥과 사적유물론

신해혁명 이후 대혼란에 빠진 중국을 통일하는 데 큰 영향력을 끼친 마르크스주의는 당시의 중국과는 사회적 상황이 완전히 다른 유럽 자본주의 사회의 산물이었다.

19세기 초의 서유럽 사회에서는 산업혁명 이후 자본주의가 급속하게 진전되면서 빈곤 문제와 도시의 슬럼화 등 많은 문제가 발생했다. 그리고 이 상황을 시정하려는 다양한 '사회주의 사상'이 출현했다.

영국의 로버트 오웬(Robert Owen)은 상호부조의 정신을 바탕으로 각종 협동조합 운동의 기초를 구축했다. 그리고 프랑스의 클로드 생시몽(Comte de Saint-Simon)은 유력자의 조력과 계몽을 통해 가난한 노동자 계급을 구제해야 한다고 주장했다. 또 무정부주의자인 프랑스의 피에르 조제프 프루동(Pierre Joseph Proudhon)과 러시아의 미하일 바쿠닌

(Mikhail Bakunin), 표트르 크로포트킨(Pyotr Kropotkin)은 국가의 권력을 부정하고 상호부조에 기초한 인간의 자유 연합을 이상적인 사회로 생각했다.

이러한 상황에서 새롭게 등장한 사회주의 사상이 카를 마르크스(Karl Marx)와 프리드리히 엥겔스(Friedrich Engels)의 코뮤니즘(공산주의)이었고, 이 명칭은 1848년에 그들이 발표한 『공산당선언(Manifest der kommunistischen Partei)』에 따른 것이었다. 그런 이유로 마르크스의 이름을 본따 마르크스주의가 되었고, 1917년의 러시아 혁명 이후에는 혁명의 지도자인 레닌의 사상이 덧붙여져 마르크스·레닌주의라고도 불리게 되었다.

따라서 공산주의는 사회주의라는 어구가 등장하기 전까지는 사유재산 제도를 비판하는 사상의 일반적인 명칭이었다. 마르크스 등은 동시대의 사회주의 사상과 구별하려는 의도로 이 말을 사용한 것으로 보이는데, 자신들의 사상이 지닌 과학성에 대한 확신을 기초로 동시대의 다른 사회주의 사상을 '공상적 사회주의'라고 불렀다.

마르크스주의는 인간이 생존하기 위한 기본적 행위, 즉 인간과 자연 사이의 물질적인 관련(생산활동)으로부터 인간 삶의 모든 영위를 설명하려고 했다. 이와 같은 사고방식 때문에 인간의 이념과 정신활동을 분석의 기초로 파악한 '유심론(唯心論)'과 달리 '유물론(唯物論)'이라고 부른다. 그리고 유물론을 기초로 역사를 분석하는 방법이 '사적유물론(史的唯物論)'이다.

'사적유물론'에서는 인간의 생산활동을 분석하기 위해 '생산수단', '생산력', '생산관계', '생산양식', 그리고 '토대'와 '상부구조' 등의 새로운 범주를 활용한다.

'생산수단'은 생산활동에 필요한 수단이며, 도구(석기와 철기), 재료(토지와 원료), 에너지(수력, 풍력, 증기, 석유), 운송수단(도로, 수로, 철도)을 포함한다. 그리고 '생산수단'은 고유한 '생산력'을 가진다. 철기가 석기에 비해서 훨씬 큰 '생산력'을 가지고 있는 것은 말할 필요도 없다.

'생산관계'는 생산활동의 과정에서 인간이 상호 간에 맺는 사회적 관계이며, 지주와 소작인, 자본가와 노동자 등의 관계이다. '생산관계'에서 각자가 차지하는 위치는 그 인간이 소속되어 있는 '계급'이다.

'생산양식'이란 '생산력'과 '생산관계'로 구성된 통일체이며 이에 대응하는 사회형태가 생겨난다.

마르크스는 다양한 생산관계가 종합된 총체를 '토대'라고 불렀는데, 이 '토대' 위에 '상부구조'라고 하는 정치체제와 문화체계가 만들어진다. '상부구조'는 '토대'의 성질에 대응하는 존재이며, 100년 후에 중국에서 발생하는 프롤레타리아 문화대혁명은 이 '토대'와 '상부구조'의 일치라는 생각을 기초로 전개된 것이다.

'사적유물론'에 의하면 인류사회에서는 '생산수단', '생산력', '생산관계'를 3대 요인으로 하는 변화가 '계급투쟁'을 통해 반복된다. 그리고 '계급투쟁'은 역사를 변화시키는 원동력이 된다. 다른 사회주의 사상이 '계급투쟁'에 부정적인 것에 비해서 '계급투쟁'을 역사발전의 원동력으로서 긍정하는 점이 마르크스주의의 특징이다.

'계급투쟁'을 발생시키는 원동력은 '생산수단'의 혁신이다. '생산수단'이 혁신되면 '생산력'이 증대되며, 증대된 '생산력'은 낡은 '생산관계'의 틀을 돌파하고, 큰 '생산력'에 대응하는 새로운 '생산관계'의 수립을 요구한다. 사회조직의 변혁이 추구되는 것이다. 그리고 '계급투쟁'에 의해 지배계급은 피지배계급에게 정치권력을 빼앗기고, 피지배계급이 새로운 사회의 지배계급이 된다. 이것이 '혁명'이다.

사회변혁의 길

마르크스주의 이론에 의해 혁명의 전형으로 설명되는 것이 1789년의 프랑스 혁명이다. 농업생산을 주요한 '생산양식'으로 하는 봉건사회 안에서 대지주로서 지배계급을 구성했던 봉건귀족과 국왕이 자본주의에 기초한 상업과 공업을 새로운 '생산양식'으로 삼아 발전한 도시의 주민(시민=부르주아지)에 의해 정치권력을 빼앗긴 것이다. 그 결과, 낡은 '토대'에 대응했던 봉건사상은 소멸하고 도시에서의 시민사회의 틀을 새로운 '토대'로 하는 민주주의(democracy)가 신(新)사회의 지배사상이 된다. 이른바 부르주아 민주주의 혁명의 출현이다.

그러나 새롭게 성립된 근대 시민사회에도 자본주의 '생산양식' 아래에서 지배계급이 된 자본가와 피지배계급인 노동자 사이에 계급대립이 발생한다. 그리고 본래는 시민을 의미했던 부르주아지가 점차 자본가와 동의어가 된다.

자본주의 사회에서 자본가는 노동자가 노동으로 만들어낸 '가치'를 끊임없이 부당하게 착취하고 무질서한 생산활동으로 경제공황을 일으켜 생산력을 후퇴시킨다. 산업혁명 이후 과학기술의 발전이 가져온 자본주의 사회의 거대한 '생산력'은 그 힘을 효과적으로 발휘할 수 없게 된다. 왜냐하면 사유재산 제도에 기초한 자본주의의 '생산관계'가 '생산력'의 발전을 억압하고 있기 때문이다.

이리하여 노동자계급이 '계급투쟁'을 일으켜 자본가 계급을 타도하고, 노동자(프롤레타리아)가 정치권력을 독재적인 형태로 장악(프롤레타리아 독재)하여 사유재산 제도를 소멸시키고, 계획경제에 기초해 새로운 '생산관계'를 만들어내야 한다는 과제가 생겨난다. 이것이 사회주의 혁명의 실현이다. 그리고 이에 따라 생산활동은 프롤레타리아 독재의 계획적인 관리 아래 유효하게 발전하고 거대한 생산력이 출현한다. 거대한 생산력은 무한한 발전을 계속하고, 결국에는 역사의 최종단계로서 계급도 없고 착취도 없는 풍요로운 공산주의 사회가 도래한다.

마르크스는 법률, 경찰, 군대, 관료 등을 갖춘 국가기구는 하나의 계급이 다른 계급을 지배하기 위해 만든 폭력장치라고 생각했다. 그리고 이로부터 다음과 같은 생각이 유도되었다. 즉, 계급이 없다면 국가 역시 소멸한다. 그리고 자본주의적 생산양식이 국가 간의 틀을 초월해 확대되는 상황에서는 어떤 국가에서도 노동자는 동일하게 자본가에게 착취당하며, 그들은 국경을 넘어서 단결해야 하는 것이다. 여기에서 사회주의의 실현을 목표로 한 '만국의 노동자여 단결하라'고 하는 국제주의(internationalism)의 원리가 도출된다.

마르크스주의의 종교적 성격

결국 역사는 마르크스의 예언대로 전개되지는 않았다. 그렇지만 마르크스의 예언은 자본주의 사회의 모순을 극복하는 구제의 길로서 사람들의 감성에 강렬하게 호소했다. 거의 종교적인 영향력이다. △최후의 계급투쟁에서 자본가 계급과 대결하는 프롤레타리아 계급이 존재한다, △자본가 계급이 지배하는 국가는 결국 사멸한다, △프롤레타리아 계급이 국경을 넘어 단결하여 인류를 해방시킨다, △최후에 이상적인 공산주의 사회가 도래한다 등 마르크스의 예언은 기독교 성경의 『요한계시록』이 예언하는 천년왕국의 도래와 내용이 공통된다. 『요한계시록』에서는, 선택된 사람들이 구세주의 절대성을 믿고 조직화되어 악이

창궐한 사회에서 싸워 악한 자들에게 승리한다. 이들은 천년 동안 구세주와 함께 지상의 왕국(천년왕국)을 지배한 이후, 부활한 악한 자들과의 최후 전투에서 승리한다. 나아가 최후의 심판이 내려진 이후 이상적인 국가가 실현된다고 예언한다. 이것을 마르크스주의로 치환하면 『공산당선언』이 예언서이며, 최후의 계급투쟁에서 자본가 계급과 대결하는 프롤레타리아는 선민(選民)이며, 자본주의 사회는 '착취'라는 원죄 위에 성립한 악한 사회이고 자본주의의 위기와 그 소멸이 최후의 심판이며, 공산주의 사회가 이상적인 국가의 실현인 것이다. 결국 말하자면 프롤레타리아 독재는 천년왕국의 기간에 상당하는 것이라고 할 수 있을까.

마르크스주의는 확실히 '과학적'인 사회주의였다. 그렇지만 『요한계시록』에 비견될 정도의 강렬한 종교적 색채를 지닌 '구제사상'이기도 했다. 이러한 '구제사상'으로서의 측면이 인간의 정념에 호소하고 마르크스주의의 절대적인 정확성에 대한 종교적 신념(신앙심)을 만들어냈다. 바로 이 때문에 마르크스주의는 19세기와 20세기 동안 다른 사상에 비해 어느 정도 영향력을 발휘할 수 있었던 것이다.

마르크스주의의 '구제사상'으로서의 영향력은 20세기 초에 반(半)식민지와 식민지에서 민족해방 투쟁의 정신적 지주가 되었다. 나아가 그 영향력은 일본을 포함해 많은 국가들의 연대감을 만들어냈다. 전후 일본의 사상계에 퍼져 있던 마르크스주의에 대한 경도와 사회주의 국가에 대한 무조건적 지지는 이와 같은 배경에서 출현했던 것이다.

그러나 마르크스주의가 옳다는 종교적 신념은 마르크스가 예언하는 역사발전의 길을 변경이 불가능한 교리(도그마)로 고착시켜 버렸다. '프롤레타리아는 역사를 전진시키는 신성불가침한 계급이다', '프롤레타리아 독재는 이상을 실현하기 위해서 무조건적으로 필요하다', '계급투쟁은 피할 수 없는 필연적인 길이다' 등이 그것이다.

마르크스주의는 종교에 한정되지 않고 본래는 인간이 만들어낸 것이 인간의 손을 떠나 도리어 인간을 지배하는 상황을 '소외'라는 철학적 개념으로 설명한다. 말하자면 신(神)이란 인간이 머릿속에서 만들어낸 것인데, 그 신이 거꾸로 인간을 지배하기 시작한 것이다.

그러나 역설적으로 마르크스주의 속에서 소외가 발생한 것이다. 경직화된 도그마는 일신교의 유일신과 같은 절대성을 획득하고, 마르크스주의는 객관적 상황을 무시한 채 주관적으로 운용되어버린다. 그리고 이 상황이 일반화되려면 1917년의 러시아 혁명의 성공이 필요한데, 중국에 유입되어 큰 영향력을 발휘한 마르크스주의는 러시아 혁명을 거쳐 러시아화된 마르크스주의, 즉 마르크스·레닌주의였다.

2. 러시아식 마르크스주의의 출현

폭력에 의한 사회주의 혁명

마르크스는 1883년에 사망했는데, 그의 예언과는 달리 만국의 노동자는 단결하지 않았고 국가도 소멸되지 않았다. 유럽 각국에서 자본가와 노동자의 계급대립은 정부가 제정한 노동시간 제한, 건강보험 제도 등의 노동입법으로 완화되었다. 선거제도의 확대와 의회의 사회적 기능 증대를 바탕으로 국가의 틀을 인정하고 사회개량을 추구하는 '수정주의'가 마르크스주의자들 사이에 나타났다. 폭력혁명으로 사회주의 혁명을 실현하는 것은 포기되었던 것이다.

더욱이 20세기 들어 열강 간의 이해 대립이 심해지자 자본가에 대항하고 국경을 초월하여 단결해야 할 만국의 노동자는 각국의 사회주의 정당의 승인 아래 서로 살육한다. 바로 제1차 세계대전의 발발이다.

제1차 세계대전의 발발은 마르크스주의의 예언을 파탄에 내몰리게 한 것처럼 보였다. 그런데 전쟁의 혼란을 틈타 마르크스주의의 새로운 전개 가능성을 보여준 사건이 레닌에 의한 러시아 혁명의 성공, 즉 폭력에 의한 사회주의 혁명의 성공이었다.

러시아에서는 1898년에 레닌 등에 의해 마르크스주의에 기초한 러시아 사회민주노동당이 결성되었다. 사회적 기반은 러시아에 이미 200만 명 넘게 존재하고 있던 근대적 공장에서 일하는 노동자들이었다.

그러나 러시아는 농업이 주요 산업인 농업국가였고, 귀족의 영지가 보편적으로 존재하는 서유럽의 봉건시대에 머물러 있었다. 1861년 결국 농노해방령이 공포되고 1870년대부터 농촌에 사상적 기초를 둔 사회주의 운동인 나로드니키(인민주의자) 운동이 활발해졌다. 또한 1901년 말부터 이듬해 1902년까지 나로드니키 제파(諸派)를 통합한 사회혁명당이 결성되었다. 정치기구는 귀족제도를 기초로 하고 정점에는 독재권력을 펼치는 황제가 존재했다. 러시아 사회는 공장 노동자 주도의 사회주의 혁명을 향한 역사, 그 전 단계에 위치했던 것이다. 이는 부르주아 민주주의 혁명을 거친 것이 아니었다.

이와 같이 '역사적으로 뒤쳐진 러시아'에서 레닌은 '선진적 이론의 실천'에 매진한다. 사회주의 혁명의 실현을 향한 객관적 상황이 성숙되어 있지 않더라도, 인위적으로 혁명의 상황을 만들어냄으로써 역사를 움직이고자 한 것이다. 객관적 상황의 추이를 기다리는 것보다 주관적인 변혁행동을 중시하는 태도는 오늘날의 연구에서는 '주관적 능동성'이라고 하며, 이는 마오쩌둥에게도 공통되는 점이다.

마르크스·레닌주의의 탄생

레닌은 1902년에 『무엇을 할 것인가?(Что делать?)』를 발표하며, 사회주의 운동의 과거와 현재를 상세하게 분석했다. 그리고 사회 내부로부터 객관적 변화의 발생을 중시하는 사람들을 자연발생주의에 굴복한 것이라고 비판했다. 나아가 노동자들은 '경제적 투쟁'에는 매진하지만 자신들이 담당해야 할 사회혁명의 정치의식을 자발적으로 얻지는 못하기 때문에, 명확한 정치의식과 견고한 조직에 기초한 엘리트 집단(이후의 공산당에 해당함)이 교육과 선전을 통해 노동자에게 정치의식을 고취시키고, 사적유물론이 제시하는 사회주의의 실현을 향해 러시아 사회를 이끌어야 한다고 주장했다.

레닌은 농업국가 러시아의 상황에 착안해 노농동맹(勞農同盟)이라는 혁명전략을 고안해냈다. 노동자와 농민이 동맹하여 이들이 민주주의 혁명의 원동력이 되고, 나아가 사회주의 혁명을 추구하며 싸운다는 전략이다. 이 전략은 이후의 식민지와 반(半)식민지에서 민족해방 투쟁의 지주(支柱)가 되었으며, 중국공산당은 이 전략을 답습한다.

러시아 사회민주노동당 당원의 절반이 역사발전의 객관적 규율에 따르려 하지 않는 레닌의 방침에 반대했다. 그렇지만 1903년에 브뤼셀에서 개최된 대회에서 레닌은 강력하게 자신의 논지를 주장하며, 반대파를 멘셰비키(소수파)라고 폄하하고 자신을 볼셰비키(다수파)라고 칭한다. 그 이후 볼셰비키의 사상은 볼셰비즘으로 정착된다.

볼셰비키와 그 사상인 볼셰비즘의 특색은 다음과 같다.

첫째, 프롤레타리아에 의한 사회주의 혁명의 실현이 인류를 구제하는 길이라고 굳게 믿는다. 일본에서는 볼셰비즘을 신봉하는 공산당원들이 그 신념을 포기하는 행위를 '전향'이라고 부르는데 '전향'은 신앙을 포기하는 '개종'(영어로 'conversion')과 동의어이며, 볼셰비즘이 마르크스주의의 '종교적' 측면을 반영하는 사상이라는 것을 잘 보여준다.

둘째, 사회주의 혁명을 실현하기 위해서 엄격한 규율의 혁명조직(결국 공산당을 지칭함)을 구성한다. 그리고 이 혁명조직이 전위가 되어 사람들에게 계급의식을 심어 인위적으로 계급투쟁을 일으키고, 이와 동시에 정치권력을 탈취하기 위한 교묘한 정치공작을 진행시킨다.

셋째, 러시아 혁명 이후인 1918년 공산당의 수족이 되는 군대인 적군(赤軍)이 창설된다. 적군의 특색은 정치위원(커미사르, Commissar)인 공산당원이 모든 부대에 파견되어 군인을 지휘하는 지령원(指令員)과 동등한 권한으로 적군을 통제한다는 것이다.

볼셰비즘은 혁명을 성공으로 유도하기 위해 필요한 조직론과 운동론에 특화된 마르크스·레닌주의이며, 이 사상을 신봉하여 행동하는 강력하고도 기능적인 정치조직의 혁명가 집단이 볼셰비키였다. 그리고 이 조직과 사상은 중국으로 이식된다.

러시아 혁명=쿠데타

1914년 제1차 세계대전의 발발은 국외에 망명 중이었던 레닌의 정권획득에 결정적인 기회가 되었다.

제1차 세계대전에서 러시아는 협상국의 일원으로서 프랑스와 연합해 독일과 싸웠지만 크게 패배했고 전비(戰費)의 중압으로 국력이 피폐해졌으며, 결국 1917년 3월(러시아력 2월)에 혁명이 발발했다. 이에 황제는 퇴위하여 제정 러시아는 사라지고 게오르기 르보프(Georgii Lvov) 공을 총리로 하는 새로운 임시정부가 조직되었다.

러시아에서는 1905년 러일전쟁 중에 혁명적 동란이 발생했고 이듬해 1906년에 두마(Duma)라고 불리는 국회가 설립되었으며, 제한선거를 기초로 하는 복수의 정당이 존재했다. 새롭게 조직된 임시정부의 내각은 사회민주당 등 여러 정당의 대표로 구성되었고, 멘셰비키의 대표도 입각(入閣)했으며, 독일과의 전쟁을 계속했다. 그런데 한편으로는 1905년의 혁명적 동란으로 출현한 노동자의 소비에트(평의회)가 새롭게 노동자와 병사의 소비에트로서 전국 각지에 조직되어 임시정부와 '이중권력'의 상태로 존재하게 되었다.

이러한 상황에서 국외에서 전쟁의 중지를 주장하는 레닌에게 독일정부가 접근한다. 러시아가 독일과의 전쟁을 중지한다면 독일은 프랑스와 러시아에 대한 양면작전으로부터 해방되고, 전쟁을 유리하게 이끌 수 있었기 때문이다. 그 결과, 독일정부는 유명한 '봉인 열차'를 조립하여 레닌 등을 망명처인 스위스에서 러시아의 수도 상트페테르부르크(Sankt Peterburg)로 보냈다.

레닌은 1917년 4월 3일에 귀국하여 '전쟁의 종결'과 '모든 권력을 소비에트로'를 제창하며 정력적으로 활동을 시작한다.

그리고 임시정부 내의 정당 각파가 리더십을 발휘하지 못해 사태가 점차 혼미해져 가는 가운데, 볼셰비키는 11월(러시아력 10월)에 노동자의 무력(武力)을 배경으로 수도인 상트페테르부르크에서 임시정부를 타도하고 사회주의 정권을 수립했다. 이른바 러시아 10월 혁명이다. 레닌은 그 이후 1918년에 독일과 자국에 대단히 불리한 브레스토-리토프스크 조약을 체결하여 전쟁을 종결시키고, 그와 동시에 국내의 다른 정치세력은 강력하게 압박하여 권력을 확립한다.

따라서 독일이 레닌을 보냈으며 나아가 레닌이 그 이후 독일과 밀접하게 연락을 취했다는 사실은 '신성한' 러시아 사회주의 혁명의 오점이라는 인식 때문인지, 대다수의 연구서에는 숨겨져 있는 경우가 많다. 러시아 혁명에 관한 대표적 노작인 에드워드 카(Edward Carr)의 『볼셰비키 혁명』[1]이나, 러시아 혁명연구에 새로운 지견을 제공하고 있는 엘렌 카레르 당코스(Helene Carrère d'Encausse)의 『소련의 역사·레닌: 혁명과 권력』[2]에서도 약간의 언급으로만 끝나 논의의 대상으로 취급되지 않았다.

이 사실을 확인했을 때는 다소 놀라웠다. 20세기에도 계속되고 있는 구제사상의 영향 때문일 것이다. 인류를 구제한다는 사회주의 혁명의 출발점이 정치적 거래의 오욕으로 가득해서는 안 되는 것이다.

러시아 혁명은 광범위한 사회변동에 의해 촉진된 혁명이 아니라 일종의 쿠데타이며, 혁명 당초의 볼셰비키는 사실상 소수파였다. 1917년 말 헌법 제정회의의 선거에서 볼셰비키는 707개의 의석 가운데 175개를 차지하는 데 그쳤다. 선거에서는 농민 계층에 기반을 두고 있던 사회혁명당이 410개의 의석을 획득했다.

이 사태로 레닌은 헌법 제정회의를 무력으로 해산시키고 의견이 맞지 않는 당파는 모두 비합법화한다. 그리고 1918년 3월에 볼셰비키는 러시아공산당으로 이름을 바꾼다.

한편 1917년 말에는 혁명을 수호한다는 구실 아래 반대세력을 탄압하는 '체카(Cheka: CK, 혁명에 대한 반동 및 방해공작에 대처하기 위한 국가

---

1 Edward Carr, 『ボリシェヴィキ革命: 1917~1923』, 第1巻, 原田三郎 外 訳(みすず書房, 1967).

2 Helene Carrère d'Encausse, 『ソ連邦の歴史·レーニン: 革命と権力』, 石崎晴己 訳(新平論, 1985).

특수위원회)'가 창설되었다. 혁명 이후 러시아에서는 일시적으로 사형이 폐지되었는데, 체카는 재판 없는 사형집행 등 초(超)법규적 권한을 갖고 있었다. 반대세력을 탄압할 때는 마르크스주의의 계급투쟁 이론과 프롤레타리아 독재이론을 원용했다. 그러나 계급적으로 볼 때, 프롤레타리아가 소수파이며 사회의 생산력을 대표하지 못하고 있는 상황에서 '프롤레타리아 독재'는 볼셰비키(공산당)의 일당독재로 귀결된다.

마르크스는 사회주의 혁명 이후에 프롤레타리아가 국가권력을 장악할 필요성을 '프롤레타리아 독재'라고 논했다. 이것은 토지를 포함한 '생산수단'을 완전히 사회의 공유재산으로 하기 위한 조치였고, '독재'의 내용에 대해 구체적으로 규정했던 것은 아니다.

러시아 혁명 이후의 마르크스주의에는 마르크스주의가 출현하던 당초에는 예상하지 못했던 인권 침해와 언론 탄압 등의 어두운 이미지가 따라붙기 시작한다. 그리고 이와 같은 상황은 결국 중국공산당을 통해 중국사회에 이식되었고, 현재까지 계속되고 있는 것이다.

러시아판 사회주의 혁명의 비극

러시아 혁명은 마르크스주의의 한계를 타파한 것으로 보였지만, 새로운 큰 문제를 초래했다. 사회의 객관적인 상황은 무시한 채 오직 사회주의 사회를 실현하려는 독재적인 정치권력을 출현시킨 것이다.

사적유물론의 관점에서 해석하면, 본래 사회의 생산기반인 '토대'에 의해 규제되는 '상부구조'인 정치권력이 본말을 전도하기 시작해, 독재적인 권력을 도약대로 삼아 사회주의를 위한 이상적인 '토대'를 만들려고 한 것이다. 이는 이미 논한 바 있는 레닌과 마오쩌둥의 '주관적 능동성'의 발로였는데, 결국 현실로부터 엄청난 반발을 불러일으켰다.

사회주의 정권의 수립 초기 볼셰비키는 어려운 상황에 직면해 있었다. 전쟁에 의한 경제의 대혼란, 농촌에서 도시로의 식량 유입 중단으로 생겨난 기아 상황, 전쟁의 종결로 머물 곳을 잃게 된 기존 병사들의 반란, 열강에 의한 간섭전쟁의 위기 등이다.

이와 같은 상황 속에서 볼셰비키는 노동자와 농민에 대해서도 각종 강압적인 조치들을 단행했다. 농촌에서의 식량 징수와 토지의 국유화, 사영기업 금지와 중·소규모 공장의 국유화, 의무노동 제도 및 식량배급 제도가 그것이다. '전시(戰時) 공산주의'라고 하는 이러한 급격한 사회주의화 정책은 농민의 생산의욕을 떨어뜨리고 극단적인 식량 부족을 초래했다. 그 결과, 1921년에는 농민의 반란에 더해 노동자와 병사들이 레닌그라드(구 상트페테르부르크)의 크론시타트(Kronshtadt) 요새에서 농성하며 볼셰비키에 반란을 일으켰다. 반란자들의 요구는 비밀 투표에 의한 자유선거·집회의 자유·수공업자의 노동의 자유·농촌에서의 식량 징수 폐지였다.

크론시타트의 반란은 1918년에 창설된 적군에 의해 철저하게 진압되었는데, 적군 측도 1만 명에 달하는 사상자를 냈고 반란자의 대부분은 처형되었다. 중국보다 앞서 일어났던 러시아 사회주의 혁명의 비극이었다.

그 이후 러시아공산당은 네프(NEP, 신경제정책)를 채택하여 농촌으로부터의 식량 징수를 폐지했으며, 농업의 개인경영을 허락하고 소규모의 사영기업 및 사영상업도 승인했다. 이로써 생산은 제1차 세계대전 이전의 수준으로 회복되었다.

중국에서 덩샤오핑의 개혁·개방 정책이 개시되기 60년 전의 러시아에서도 이미 마찬가지의 정책이 출현했던 것이다.

중국의 경우와 다른 점은 그 이후 러시아에서는 자본주의가 철저하게 부정되어, 1928년을 경계로 '네프맨'이라고 하는 사영기업 경영자와 쿨라크(부농)라고 하는 자영농민들이 숙청되었고 다시 대규모 사회주의화가 시작되었다는 것이다. 그리고 러시아에서 재개된 사회주의 건설은 초기에는 큰 성과를 거두어 사회주의의 미래를 열었던 것으로 여겨졌다.

그러나 계획적인 생산활동에 강제적으로 동원된 사람들의 생산의욕이 감소하고 사회의 생산력은 정체되기 시작했다. 사람들은 얼굴 없이 노동력으로만 취급받는 것을 혐오했던 것이다.

마르크스는 노동자가 임금을 벌기 위해 노동을 하는 존재로서만 취급되어 인간성이 무시되는 자본주의 사회의 현상을 '노동의 소외'라고 했으며, 사회주의 사회의 실현을 위해 '노동의 소외'를 극복하려고 했다. 그렇지만 역설적으로 사회주의 사회에서 '노동의 소외'가 발생했던 것이다. 그리고 계획적 생산활동으로 자본주의 사회보다 생산력이 높아야 할 '사회주의 사회'에서 생산력이 정체되고 사람들의 삶이 개선되지 않는 것이 명백해졌을 때, 러시아 사회주의 체제는 종언을 고하게 된다. 러시아 혁명으로부터 70년이 넘게 지난 1991년의 일이다.

이 사이 혁명으로 출현한 러시아식 독재 정치권력은 러시아 사회 고유의 전통적인 권력체질을 띠기 시작했다. 황제를 정점으로 하는 과거의 귀족제도를 방불케 하는 공산당 관료기구가 출현한 것이다. 그리고 공산당과 민중 사이에는 지배와 피지배의 관계가 생겨났다. 공산당은 이 상황을 사회주의 사회로부터 공산주의 사회에 이르는 데 반드시 필요한 '프롤레타리아 독재'라고 그럴듯하게 둘러댔다. 그러나 실제는 부르주아 민주주의 혁명의 성과인 '법 아래의 평등'이라는 원칙을 부정하는 독재정치의 출현이며 봉건적 지배체제의 부활과 같은 사태였다.

이와 같은 상황이 나타난 이유로 봉건제도를 일소할 역사의 가장 큰 변화인 부르주아 민주주의 혁명을 러시아 사회가 경험하지 않았기 때문이라는 해석이 가능하다. 사람들의 사고와 행동양식에 구(舊)사회의 영향이 변함없이 남아 있던 것이다. 결국 마찬가지의 사태가 중국의 사회주의 혁명에서도 발생한다.

3. 접근하는 소련과 중국

수출된 볼셰비즘

심각한 문제를 내재하면서도 마르크스·레닌주의는 볼셰비즘으로 전 세계에 수출된다.

당초 볼셰비키가 혁명을 성공시켰을 때, 전 세계 사람들은 그 신선한 권력탈취 방법에 주목하지 않을 수 없었다. 지배적 입장의 사람들은 볼셰비즘을 두려워했고, 탄압받던 사람들은 볼셰비즘이 현실을 타파하는 데 가장 좋은 수단이라고 생각했다. 자본주의 국가들 간의 자원과 시장 쟁탈전이었던 제1차 세계대전에서 처참한 파괴와 살육을 경험한 인류에게, 볼셰비키가 추구하는 계획경제에 기초한 사회주의 체제는 전쟁을 회피하고 평화를 유지하는 묘약으로 보였다. 빈곤 문제를 비롯한 자본주의의 처참한 모순에 직면해 있던 국제정세 속에서 볼셰비즘에 내재하는 모순은 표면화될 수 없었다.

이와 같은 상황에서 볼셰비즘은 코민테른(Communist International, 약칭 Comintern)의 성립을 계기로 세계로 수출되어, 엄격한 당조직과 계급투쟁을 조작하는 정치전략에 의해 사회변혁의 위력을 발휘한다.

볼셰비키는 1918년 러시아공산당으로 이름을 바꾼 이후 1919년 3월 모스크바에 사회주의 혁명을 세계적인 규모로 실현시키기 위한 지도기관인 코민테른을 수립한다. 의장에는 러시아인 그리고리 지노비예프(Grigory Zinovyev)가 취임하고, 유럽을 중심으로 미국과 아시아의 사회주의 및 공산주의 단체에 참가를 호소했다.

그리고 각국의 대표로 구성된 코민테른 중앙집행위원회가 조직되었는데, 실제로는 러시아공산당의 의향이 코민테른 중앙집행위원회의 결의를 좌우했다. 모스크바에 체류하던 각국 대표들의 생활자금을 비롯한 필요한 모든 물질적 조건을 러시아 정부가 제공했기 때문이다. 그 결과 코민테른의 국제정책은 러시아 정부의 외교정책을 보완하는 형태로 진행되었고, 사회주의 혁명의 조국인 러시아를 제국주의 국가의 공격으로부터 수호하는 국제전략이 코민테른의 기본방침이 된다.

코민테른은 러시아 정부로부터 제공받은 풍부한 자금으로 세계의 각지에 사람을 파견해 볼셰비즘을 전파하고, 공산당 조직을 수립하여 큰 영향력을 발휘했다. 코민테른의 일처리 방식은 선교사를 파견해 신의 '복음'을 전한 기독교의 선교 활동과 매우 흡사하다. 다른 점이라면 코민테른의 선교는 '정신의 구제'뿐만 아니라 '물질적 구제'도 약속했다는 점이랄까.

코민테른은 제2차 세계대전 중인 1943년 해산될 때까지 20년 이상 존속되는데, 주로 오스트리아의 비엔나를 출판 거점으로 1921년부터 정보선전지 ≪국제 언론 통신(International Press Correspondence)≫을 영국, 독일, 프랑스, 러시아의 각국 언어로 발행했다.

이와 같은 코민테른의 활동을 뒷받침했던 것은 마르크스주의의 혁명사상으로서의 보편성뿐만 아니라 이를 밑받침하는 볼셰비즘의 엄격한 조직이론, 풍부한 활동자금, 혁명사상의 전파에 관여하고 있던 우수한 인재 등 실무 측면의 강력함이었다. 그리고 볼셰비즘의 엄격한 조직이론은 중국에서 더할 나위 없는 위력을 발휘하게 된다.

한편 사회주의자들의 국제조직으로서 1864년 런던에서 최초의 인터내셔널이 성립되었고, 이어 1898년 파리에서 제2인터내셔널이 성립되었다. 모스크바의 코민테른은 세 번째 인터내셔널이며 제3인터내셔널이라고도 한다. 파리의 제2인터내셔널은 기존의 사회주의 정당의 통합기관으로서 코민테른과 공존했다.

유동적인 중국 국내 사상계의 상황

청조가 붕괴된 이후 중국에는 강력한 정치권력이 출현하지 못했고, 국내는 군벌이 점령하는 혼란스러운 상태에 빠졌다. 그 결과 정치와 사회의 새로운 모델을 추구하고 외래사상을 받아들이려는 시도가 더욱 활발해졌다. 마르크스주의와 볼셰비즘은 이와 같은 조류 속에서 논의된 새로운 사상 중의 하나였다.

이미 러시아 혁명 이전인 20세기 초부터 마르크스주의 그 자체는 유학생들이 부분적으로 번역하여 중국 국내에 소개했다. 그렇지만 러시아 혁명 이전에는 거의 영향력을 발휘하지 못했다. 마르크스주의는 자본주의 경제발전 아래 나타나는 도시 프롤레타리아의 존재를 전제로 하는 사상이며, 이런 측면에서 보면 중국과는 관계가 없는 것이었다.

신해혁명 이후 사상계에서 잡지 ≪신청년(新青年)≫을 중심으로 새로운 사조를 이끌었던 천두슈는 코민테른의 권유를 받아들여 중국공산당을 이끌게 된다. 그러나 1917년 1월의 시점에서 ≪신청년≫ 제2권 5호의 독자와의 '통신란'(게재된 기사와 논문에 관해 논의하는 칸)에서 마르크스주의를 포함한 사회주의 사상 전체에 대해서, 산업이 발달하지 않은 중국에서는 사회주의가 근시일 내에 완성되지는 않을 것이라는 생각을 표명했다.

천두슈와 함께 중국공산당을 이끌게 되는 베이징대학 교수 리다자오(李大釗)가 러시아 혁명 후 1918년 11월 ≪신청년≫ 제5권 5호에 「볼셰비즘의 승리」를 발표했다. 그런데 여기에서는 러시아 혁명과 볼셰비즘을 인류 해방의 구세주라고 찬미하는 것에 그쳤고, 마르크스주의와 볼셰비즘에 대한 깊은 사상적 이해는 살펴 볼 수 없었다. 1919년 5월에는 ≪신청년≫에 마르크스주의 특집호가 출현하는데, 리다자오 이외에는 적극적으로 마르크스주의를 논하는 자가 적었고 심지어 마르크스주의에 대해 비판적인 논문도 포함되어 있었다.

당시 미국으로부터는 사회문제의 신속한 해결을 중시하는 실용주의(progmatism)가, 영국으로부터는 각종의 협동조합을 기초로 한 사회주의가, 러시아와 프랑스로부터는 무정부주의가, 나아가 일본으로부터는 무샤노코지 사네아쓰(武者小路實篤)의 '새마을(新しき村)' 사상 등이 각각 전해졌다. 이러한 사상은 청조 말기 이후의 개명사상가였던 량치차오(梁啓超), 장둥쑨(張東蓀), 그리고 리다자오와 친했던 후스(胡適) 등에 의해 진보적 서구사상으로서 중국에 적극적으로 도입되었다. 그 결과, 이러한 사상의 대표자들이 중국에 초빙되어 각지에서 강연을 하며 중국 사상계에 큰 영향을 미쳤다.

1919년에 실용주의의 대표자였던 존 듀이(John Dewey)가 중국을 방문하여 강연을 했고, 1920년에는 볼셰비키에 비판적이며 점진적인 사회개량을 제창했던 영국의 철학자 버트런드 러셀(Bertrand Russell)이 중국 전역을 돌며 강연을 했다. 그 때문에 이 시점에서 마르크스주의가 중국사회에서 큰 영향력을 발휘할 조짐은 없었다.

5·4운동이 가져온 '광명'

상황이 변하여 마르크스주의가 수용되기 시작한 계기는 대규모 학생시위인 5·4운동이었다. 이는 제1차 세계대전 이후의 파리 강화회의에서 연합국이 산둥성(山東省)에 대한 독일의 기존 이권을 일본에게 인도하는 것을 인정한 데 대한 반대 시위였다.

이와 같은 학생 시위에 호응하여 노동자를 포함한 대규모 반일(反日)운동이 수개월에 걸쳐 중국 전역에서 발생했다. 청조 말기 이후 새로운 교육제도 아래에서 육성된 학생들을 중심으로 정치적인 능동주의가 고양되는 가운데, 이미 존재했던 민족주의, 반(反)자본주의, 사회주의, 반(反)제국주의 등의 정치적 조류를 하나로 통합하는 것으로서 마르크스주의와 볼셰비즘이 새롭게 각광을 받았던 것이다.

결국 "중국에서 공산주의 신자가 되는 사람들은 마르크스주의 세계관의 기본적인 전제조차 모른 채 마르크스주의 혁명에 몸을 내던지게 되었다."[3]

청년 시절 5·4운동에 참가했던 마오쩌둥은 1940년에 발표한 「신(新)민주주의론」에서 1919년 5·4운동으로 중국사에 새로운 혁명이 시작되었다고 정의를 내렸다.

그러나 당시 마오쩌둥은 1919년 12월에 그의 고향인 후난성(湖南省)

---

3 Maurice Meisner, 『中國マルクス主義の原流』, 丸山松幸·上野惠司 訳(平凡社, 1971), p. 90.

의 창사(長沙)에서 일본에서 제창된 '새마을'을 추진할 계획을 세우고 있었다. '새마을'은 일본인 무샤노코지 사네아쓰가 조화롭고 이상적인 공동체를 실현하기 위해 1918년에 미야자키현(宮崎縣)에 조성했던 농업 공동촌락이다. 그리고 이 당시 마오쩌둥의 계획에는 리다자오로부터 영향을 받은 사회주의적 사고, 그리고 듀이와 후스로부터 영향을 받은 실용주의적 사고도 엿보인다.

당시 중국 국내 사상계의 상황은 다양하고 유동적이었다. 이런 가운데 중국공산당이 결성되었다. 공산당원에 의한 정치운동이 지속적으로 전개되기 위해서는 코민테른으로부터의 도움이 반드시 필요했다. 이를 통해 운동을 뒷받침할 자금과 조직의 기본 형태가 제공되었고, 결국 커다란 정치적 영향력을 발휘하게 된다.

코민테른의 계획

코민테른은 1920년 4월에 그리고리 보이틴스키(Grigori Voitinsky)라는 인물을 중국에 파견하여, 리다자오와 천두슈 그리고 이 두 사람의 영향 아래 마르크스주의를 신봉하기 시작한 젊은이들과 접촉하도록 했다. 그 이후 1921년 7월에 상하이의 프랑스 조계에서 코민테른 민족식민지위원회 서기인 헨드리퀴스 마링(Hendricus Maring)이 출석하고, 각지에서 올라온 대표 13명이 참가하여 제1차 중국공산당 전국대표대회(제1차 당대회)가 열렸다. 마오쩌둥은 후난성 대표의 한 사람으로서 출석했고 천두슈가 중국공산당 중앙국 서기에 취임했으며, 당시 전체 당원의 수는 50여 명이었다.

성립 당초의 중국공산당은 학생 동아리와 같은 모습이었으며 정치적인 영향력을 발휘하기에는 아직 갈 길이 멀었다. 중국공산당이 중국 근현대사의 중심무대에 등장하기 위해서는 중국국민당과의 정치적 합작인 제1차 국공합작(國共合作)을 거쳐야만 했다.

코민테른은 1920년 7월에 열린 제2차 대회에서 「민족 및 식민지 문제에 관한 테제」를 채택하고 식민지와 반(半)식민지에서 반(反)제국주의와 반(反)봉건을 목적으로 하는 민족 부르주아와 프롤레타리아의 통일전선을 결성한다는 방침을 제시했다. 이를 통해 세계 각지의 민족해방 운동을 원조하고 사회주의 혁명의 조국인 러시아를 제국주의 국가들의 공격으로부터 지켜내고자 한 것이다.

그리고 이 방침이 반(半)식민지인 중국에 적용되자, 중국국민당이 민족 부르주아를 대표하는 정당으로 간주되었고 프롤레타리아의 전위조직으로서 만들어진 중국공산당과 합작이 추진된다. 이른바 제1차 국공합작이다. 국민당과 공산당은 중일전쟁이 발발한 1937년에 두 번째 협력관계를 수립하는데, 이것이 제2차 국공합작이다.

1920년 당시 쑨원이 이끄는 중국국민당은 과거 동맹회의 구성원들을 중심으로 1919년에 재조직된 정당이었다. 쑨원은 신해혁명 이후 권력투쟁에 패해 중앙정치의 무대로부터 물러났는데, 중국 남부의 광저우(廣州)를 거점으로 하고 지방 군벌의 군사력에 의존하여 베이징의 중앙정부에 대항하는 정치세력을 조직했으며, 중국공산당과는 비교할 수 없는 정치적인 영향력을 보유하고 있었다.

제1차 국공합작의 성립

코민테른의 국민당에 대한 접근은 중국공산당의 성립 준비와 병행하여 이루어졌다. 1920년 가을 상하이에서 보이틴스키와 쑨원의 회견이 있었으며, 1921년 10월 마링은 상하이에서 국민당원 장지(張繼)와 회견을 했고, 같은 해 12월에는 광시성(廣西省)의 구이린(桂林)에서 쑨원과 만났다.

이 무렵 쑨원은 정권을 탈환하기 위한 특효약으로서 볼셰비즘에 강한 흥미를 보이기 시작했다. 쑨원은 계급투쟁을 부정했지만, 정치적 상황을 새롭게 타개하기 위해 강력한 당조직과 정치적인 정신(spirit)이 필요했고 이에 따라 볼셰비즘의 조직이론에 강하게 끌렸다.

그 결과, 쑨원은 마링에게 공산당원이 국민당에 가입하여 국민당원과 공산당원의 두 개의 당적을 갖는 방식에 의한 국공합작의 가능성을 시사했다. 쑨원은 유능한 공산당원 출신의 젊은이들을 국민당의 인재로 확보하고자 했다. 이에 대해 천두슈 등 대다수 공산당 당원들은 국민당과 공산당 양당의 대등한 동맹을 주장했지만, 마링은 공산당원이 국민당에 가입할 것을 주장했다. 그리고 코민테른 중앙집행위원회도 1922년 7월에 마링의 주장을 수용하고 개인적인 가입방식을 통한 국공합작을 승인한다.

국공합작은 소련 정부가 국민당에 물질적 원조를 약속하면서 단번에 구체화된다. 1922년 8월 베이징 정부와의 밀약 교섭을 위해 베이징에 도착한 소련 정부 대표 아돌프 이오페(Adolf Ioffe)는 쑨원이 머무는 상하이에 마링을 파견했고, 25일에는 군사 원조와 관련된 의제를 포함한 회담이 이루어졌다. 마링은 공산당원의 국민당 가입에 적극적이었던 리다자오 등을 대동했다. 쑨원은 이때 자신의 심복 부하였던 천중밍(陳炯明)의 반란에 의해 광저우에서 추방되어 상하이의 프랑스 조계 지역에 있는 자택에 머물던 상황이었다.

그 이후 코민테른 중앙집행위원회는 1923년 1월 12일에 공산당원의 국민당 가입에 관한 구체적 결의를 채택한다. 그리고 1월 26일, 쑨원과 이오페는 소련이 중국의 통일과 독립 달성을 원조할 것을 약속하는 「쑨원·이오페 공동선언」을 영문으로 발표한다.

그런데 선언의 앞부분에 "쑨이셴(孫逸仙, 쑨원) 박사는 공산주의 조직 혹은 소비에트 제도까지 중국에 이식하는 것은 사실상 불가능할 것으로 생각한다. 왜냐하면 중국에는 공산주의와 소비에트주의가 수립되기 위한 여러 조건이 존재하지 않기 때문이며, 이 생각은 이오페 씨 또한 동의하는 부분이다"라고 말했는데, 이는 공산당원의 활동 가능성을 부정하는 확인이었다. 이 부분은 소련에 접근하는 국민당에 대한 열강들의 반발을 완화하려는 노림수로 쑨원이 요구한 것으로 여겨진다. 소련과의 접근이 국민당의 '적화(赤化)'를 의미하지 않는다는 일종의 호소인 것이다.

이에 대해 이오페도 중·소 양국 간 외교적 이슈였던 중동철로(中東鐵路) 관리문제[4]와 외몽골 지역의 소련군[5] 주둔 문제에 대해 쑨원이 이해를 보인 것을 감안해, 이와 같은 문구의 삽입을 승낙한 것으로 보인다.

이상의 사실을 통해 제1차 국공합작이 중국 내부에 친(親)소련 세력을 구축하여 열강의 포위망에 대항하고자 했던 소련 정부 및 코민테른의 외교전략과, 정치권력의 부활을 추구하는 중국국민당의 정치전략이 만들어낸 결과였음을 알 수 있다. 코민테른의 지휘 아래 있던 중국공산당 당원들은 독자적인 전개를 지향하면서도 소련 정부와 코민테른의 국제적인 외교전략에 따라 행동했다. 따라서 1937년 제2차 국공합작

4 중동철로는 러시아가 만주 지역에 부설한 철도이다. 러시아 혁명 이후 관리권을 둘러싸고 중국 측과 분쟁을 벌이게 된다.

5 소련군은 1921년에 진주했고, 1924년에 몽골인민공화국이 성립된다.

도 파시즘의 대두라는 새로운 국제정세를 배경으로 '혁명 조국' 러시아를 수호하려는 소련 정부와 코민테른의 외교전략 아래 성립하게 된다.

볼셰비즘의 조직론에 기초해 국민당을 개조할 결의를 굳힌 쑨원은 1923년 10월 러시아공산당으로부터 파견된 미하일 보로딘(Mikhail Borodin)을 고문으로 받아들였다. 그 결과 기존의 느슨한 국민당의 조직이 새롭게 바뀌었고, 1924년 1월 공산당원이 국민당에 가입하는 형태로 제1차 국공합작이 성립한다. 이른바 연소(連蘇, 소련과의 연대)·용공(容共, 공산당원과의 협력)·부조농공(扶助農工, 농민과 노동자에 대한 원조)을 내용으로 하는 3대 정책의 채택이다.

그리고 국민당 직속 군대를 만들기 위해 러시아에서 군사고문이 파견되고, 광저우 교외인 주장(珠江) 안의 작은 섬인 황푸다오(黃埔島)에 장제스를 초대 교장으로 하는 황푸군관학교(黃埔軍官學校)가 세워진다.

제3장

왜 국민당이 아닌 공산당이었는가

1. 제1차 국공합작의 성립과 붕괴

'국민혁명'을 위한 군대

제1차 국공합작으로 생겨난 새로운 정치세력은 정식으로 중국정치사의 표면에 나서며 중국 근현대사 형성에 결정적인 역할을 하게 된다. 볼셰비즘의 조직론에 기초한 국민당 조직의 일신과 당 직속 군대의 출현이 정치와 군사를 일체화하는 힘을 만들어내고 중국사를 새로운 방향으로 전개시킨 것이다. 공산당원은 국민당에 가입해 국민당원으로서 활동했다.

볼셰비즘의 최대 성과는 장제스가 교장으로 취임한 황푸군관학교가 설립되어 소련 적군의 제도를 모델로 한 당군(黨軍, 당 직속의 군대)이 육성된 것이었다. 군벌의 혼전 속에서 중국을 통일하고 신(新)정치를 실현하기 위해서는 새로운 군사력이 반드시 필요했다.

국민당의 적이 된 군벌들은 스스로의 존재이유를 과시하는 공허한 정치적 주장을 내걸고 있었지만, 사병을 기르고 군비(軍費) 명목으로 사회로부터 자금을 수탈하는 집단에 지나지 않았다. 장교는 오로지 재산을 쌓는 것에만 전념했고, 병사들도 생활비를 벌기 위한 용병(用兵)이었을 뿐 목숨을 걸고 전투를 하는 경우는 거의 없었다.

이에 반해 황푸군관학교에서 양성된 당군은 전국에서 모집한 젊은 이들에게 군벌을 타도하고 중국을 재생시키는 '국민혁명'의 실현이라는 사상교육을 시행하며 하급 장교를 육성했고, 이들은 전력의 핵심이 되었다. 황푸군관학교의 교육은 성공을 거두었고 엄격한 규범과 '국민혁명' 달성이라는 강력한 신념을 지닌 당군이 국민당원과 공산당원을 핵심으로 만들어졌다. 머지않아 중국공산당에서 군인 신분으로 두각을 나타내는 린뱌오(林彪) 또한 황푸군관학교 제4기생(1925년 가을에 입학, 1926년 가을 졸업)이었다.

당군의 병사들은 군벌처럼 생활비를 버는 용병이기는 했지만 하급 장교의 높은 사기가 병사들의 질을 향상시켰다고 할 수 있다. 그리고 이러한 군사력은 당의 수족이 되어 주변의 군벌들을 무너뜨리거나 그들을 당군 산하로 끌어내렸고, 공산당원을 내부에 품고 있는 국민당의 지도 아래 점차 거대한 정치세력이 형성되었다.

1924년 당시 국민당과 공산당은 광둥성(廣東省) 한 지역에 머물러 있었다. 그리고 국민당 자체도 정치권력의 지주인 다양한 군벌세력들을 당 내부에 떠안고 있었다. 그런데 1925년 6월 당군이 중심이 되어 내부의 군벌세력을 숙청하고, 7월에는 새롭게 국민정부를 수립한다. 이어서 8월에는 장제스를 중심으로 한 국민혁명군이 조직된다. 그리고 이듬해 1926년 7월 장제스를 국민혁명군 총사령관으로 하여 전국을 통일하기 위한 군사작전인 '북벌'이 개시된다.

국민당이 세력기반으로 삼고 있던 광둥성이 중국의 남부에 위치해 있었기 때문에, 북방의 군벌을 토벌하고 난징(南京)과 베이징을 점령하는 것을 목표로 하는 군사작전은 '북벌'이라고 한다. 그러나 1927년 여름 국민당과 공산당 간에 내재해 있던 모순이 정점에 달해 국공합작은 종언을 고하고, 양당은 내전상태에 빠진다.

계급투쟁의 시비를 둘러싼 국공 간의 모순

국공합작은 볼셰비즘의 조직론에 기초한 새로운 당과 군대의 힘을 이용해 혼돈에 빠진 중국을 통일시키는 데 막강한 힘을 발휘했으나 애초부터 심각한 모순을 내포하고 있었다. 그리고 이 모순은 결국 국민당과 공산당 양당을 내전에 이르게 만들었다.

쑨원은 볼셰비즘의 조직론을 무조건적으로 채택하기는 했지만, 노농동맹을 기초로 계급투쟁을 추진하여 사회주의 혁명을 완성하려는 이론에 대해서는 입장 표명을 보류하고 있었다. 이 사실은 쑨원이 국공합작의 성립을 추진한 1923년 1월「쑨원·이오페 공동선언」가운데 소비에트 제도를 중국에 도입할 가능성을 부정하고 있었다는 점에서도 명백하게 드러난다.

다만 코민테른과 중국공산당은 중국혁명의 당면 과제는 사회주의 혁명이 아닌 반(反)제국주의·반(反)봉건 '민주주의 혁명'이라고 규정했다. 마르크스주의 역사발전이론(사적유물론)에 따르면, 봉건사회를 무너뜨리는 부르주아 민주주의 혁명이 먼저 발생하고, 뒤이어 부르주아 민주주의 혁명에 의해 출현한 자본주의 사회를 무너뜨리는 사회주의 혁명이 발생한다. 그리고 중국이 직면하고 있던 역사적 발전단계는 봉건사회를 무너뜨리는 부르주아 민주주의 혁명이었다.

당시 국민당은 신해혁명 이후 전국적으로 치러진 선거를 통해 기존에 성립했던 공화정 체제의 부활을 목표로 하고 있었다. 사적유물론에 따르면 이는 민주주의 혁명의 실행이었다. 그 결과 코민테른은 1923년 1월 중앙집행위원회의 결의에 따라 국민당을 부르주아지(자본가와 상인), 소(小)부르주아지(소시민), 노동자, 농민의 모든 계급으로 구성된 국민정당으로 보고 민주주의 혁명을 담당하는 중심세력으로 인정했던 것이다.

이와 같은 이해를 바탕으로 공산당원의 국민당 가입이 이루어졌으나 공산당원의 사명은 노동자와 농민의 이익을 최대한 보장하는 형태로 민주주의 혁명을 실현하는 것이었다. 그리하여 중국혁명의 기본적 성격에 관해서는, 국민당과 공산당 양당 간에 공통의 이해가 성립되어 '국민혁명'으로 정의되었던 것이다.

국민당의 정책 원리는 쑨원이 제창했던 '삼민주의'로서 민족주의, 민권주의, 민생주의의 세 가지로 구성되어 있다. 그 가운데 민족주의와 민권주의는 반(反)제국주의와 반(反)봉건을 목적으로 하는 민주주의 혁명의 과제로 규정될 수 있다. 그렇지만 민생주의는 산업화로 발생하는 사회적 모순을 국가권력이 수행하는 사회 정책을 통해 해소하는 것을 핵심으로 하고 있었다. 요컨대 계급투쟁의 발생을 미연에 방지하는 것이 목적이었던 것이다.

쑨원은 1924년 1월에 개최된 국민당 제1차 전국대표대회(제1차 당대회)에서 "민생주의는 공산주의를 포괄한다"라고 말하며, 계급투쟁관의 차이점에서 발생하는 국공 간의 모순을 봉합하려고 했다. 그러나 8월의 민생주의에 대한 강연에서 마르크스는 사회 병리학자이며 자신은 생리학자의 입장에서 계급투쟁을 해소시킨다고 논함으로써 계급투쟁에 대한 부정적 견해를 명확히 피력했다.

감추어진 '국민정부'의 존재

「국민정부 건국대강」(이하 건국대강으로 약칭)이 1924년 1월에 열린 국민당 제1차 당대회 첫날에 제출되었고, 쑨원이 취지를 설명한 이후 가결되었다.

쑨원은 그때까지 중앙정권을 탈환하기 위해서는 신해혁명 직후 전국적인 선거를 통해 선출되고 있던 국회와, 임시헌법으로 제정되었던 「임시약법」을 회복해야 한다고 주장했다. 그렇지만 국공합작의 성립과 동시에 기존의 노선을 버리고 베이징의 중앙정부와는 다른 새로운 '국민정부'를 조직하기로 결정한다.

「건국대강」은 동맹회 시기부터의 국가건설 계획을 집대성한 것으로 '국민정부'를 기반으로 하여 '군정시기', '훈정시기', '헌정시기' 3단계를 거치는 새로운 국가의 건설 과정이 묘사되어 있었다. 그리고 이것은 이후에 국민당이 추진하는 국가건설 계획의 출발점이 되었다.

「건국대강」은 1924년 4월에 공포되었으며, 머지않아 장제스가 통솔하는 '난징 국민정부'도 「건국대강」을 기준으로 국가건설을 진행한다. 그리고 이는 타이완으로 이주하게 되는 국민정부에서도 계승된다.

현재 중화인민공화국에서 근현대사 해석의 일반적인 이론은 마오쩌둥이 1940년에 발표한 「신민주주의론」이다. 그러나 「신민주주의론」에서는 제1차 국공합작의 성립과 동시에 쑨원의 제안으로 「건국대강」이 가결되었다는 점과 그 이후 국민당이 바로 「건국대강」에 기초해 국민혁명을 진행하려 했다는 사실이 간과되어 있다.

「신민주주의론」에서는 국민당이 노동자와 농민에 의한 정치노선을 명확히 했던 「제1차 전국대표대회 선언」에만 초점이 맞추어지고 있다. 그리고 쑨원의 결정에 따라 국민당이 기존 체제를 새롭게 하여 노동자와 농민을 혁명의 중심세력으로 규정했으며 그 새로운 노선을 승계하고 발전시킨 것은 공산당이라 주장하고 있다. 이에 따라 장제스의 '난징 국민정부'는 쑨원의 노선에서 이탈한 존재로 묘사되고 있다.

위와 같은 공산당의 정치적 주장에 기초한 역사해석은 지금도 계속되고 있다. 1994년 소련이 붕괴된 이후 자료공개법에 기초해 제1차 국공합작에 관해 많은 새로운 자료들을 포함하고 있는 러시아어 자료집이 출간되었다. 이윽고 중국어판[1]이 간행되었지만, 쑨원이 국민당 제1차 당대회에서 '국민정부'의 수립을 주장한 부분이 '전민정부(全民政府)'를 주장한 것으로 번역되면서 쑨원과 국민정부 사이의 관계는 은폐되었다. 번역 작업은 러시아 측과 중국 측 사이의 협력에 기반을 두고 이루어졌으므로 오역이 발생할 여지는 없었다.

따라서 이와 같은 번역은 정치적 주장에 기초해 역사적 사실을 왜곡한 것이며, 러시아 혁명에 관해 레닌과 독일 사이의 관계가 감추어져 있는 것과 같은 종류라고 할 수 있다.

쑨원의 사망

「건국대강」 제25조의 요점은 다음과 같다.

> '군정시기'는 새로운 국가를 건설하기 위한 기초를 다지는 시기로서,

---

1 中共中央黨史硏究室第1硏究部 訳,『共産國際、聯共(布)與中國革命檔案資料叢書』(北京圖書出版社, 1997).

무력을 행사하고 사상을 선전함으로써 '국민정부' 지배 아래 국가가 통합된다.

'훈정시기'는 이 영역 위에서 새로운 국가의 틀을 만드는 시기로서, 성(省) 단위의 자치를 실현하기 위해 민중을 교육하고 훈련시킨다.

'헌정시기'는 틀에 살을 붙이는 시기로서, 전국적으로 과반수가 넘는 성(省)에서 자치를 완성한 이후에 국민대회를 개최하여 헌법이 제정된다. 그리고 그 위에 헌법에 기초한 전국 선거로 새로운 민선 정부가 세워짐으로써 '국민정부'의 사명이 끝난다.

이상에서 알 수 있듯이, 쑨원은 민중을 동원해 그 힘을 정책의 실현에 이용할 생각을 드러내고 있지는 않다. 쑨원은 새로운 국가건설의 원동력을 통제된 군사력에서 찾고 있었다.

쑨원은 1924년 1월 국공합작 이후, 즉시 「건국대강」의 제1단계인 북벌 실행을 계획했다. 그리고 9월에 북벌이 개시되어 12월에는 장시성(江西省)까지 나아갔지만 군사적 정세가 일변해 실패로 끝났다. 그 사이 11월에, 베이징의 중앙정권 내부에서 펑위샹(馮玉祥)에 의한 군사 정변이 발생했다(이 시기 청조 최후의 황제 푸이가 자금성에서 추방됨). 쑨원은 정국을 협의하기 위한 초청을 받아 바닷길을 통해 베이징으로 갔다.

그 당시 공산당원들은 국민당이 추진하는 군사 우선의 정치노선이 민중을 무시하는 군사편중이라고 비판했고 북벌에도 반대하고 있었다. 또한 계급투쟁의 역동성을 국민혁명의 기초로 삼으려 했으며, 노동운동과 농민운동을 중심으로 하는 민중운동의 발전을 중시하고 있었다.

쑨원의 북상(베이징에 간 것)에 즈음하여 국민당은 불평등조약의 폐기와 국민 각 계층의 대표에 의한 '국민회의'의 개최를 정치적 목표로 내세우는 선언을 발표한다. 이에 대해 북벌에 반대하고 있었던 공산당도 이전부터 같은 형태의 '국민회의'의 개최를 정치적 목표로 내세우고 있었기에 쑨원의 북상을 지지하게 된다. 쑨원이 광둥에서 톈진으로 향하는 도중 일본 고베(兵庫)에 들러, '대(大)아시아주의'에 대한 강연을 했던 것이 이 무렵이다.

이후 쑨원은 계급투쟁 문제에 대해 새로운 비판을 제시하지 않은 채 1925년 3월에 베이징에서 서거한다.

장제스의 대두와 공산당원의 중용

쑨원이 사망한 이후 국민당 내에서는 장제스가 군사지도자로 대두한다. 장제스는 황푸군관학교의 교장으로서 국민혁명을 위해 새로운 군사력을 확립하는 데 큰 역할을 했다. 장제스의 교장 취임은 쑨원의 측근으로서 군무(軍務)에 매달린 전력에도 기인했지만, 군벌의 배경이 없다는 것이 중요했다. 이는 전국에서 모집한 학생을 교육시키고 국민적인 군사력을 창출하기 위해서는 반드시 필요한 조건이었다.

장제스는 국공합작 직후부터 시작된 삼민주의 해석을 둘러싼 국민당원과 공산당원 간의 이론적 항쟁과 세력다툼에서 중립을 지켰고, 황푸군관학교에도 파급된 이 투쟁을 조정하려고 노력했다.

1925년 12월에 출간된 황푸군관학교 제3기생의 기록물인 「황푸군교제3기동학록(黃埔軍校第三期同學錄)」의 서문에서, 장제스는 "나는 삼민주의를 위해 죽을 것이며, 또 공산주의를 위해 죽을 것이다. …… 삼민주의의 실행은 공산주의를 그 안에 포함하고 있는 것이다"라고 말하고 있다.

오늘날 중국공산당의 연구에 따르면, 당시 장제스의 언동은 혁명을 가장한 기만이었던 것으로 여겨진다. 그렇지만 장제스는 국민혁명에 반드시 필요한 단결된 군사력의 양성에 온 힘을 쏟고 있었다. 군벌이 북적대고 국공 간의 알력이 진행되는 와중에, 이러한 알력을 조정함으로써 혁명정신을 고취하고 규율을 만들어내고자 했던 장제스는 혁명진영을 통일하는 중심이었다. 바로 이 점 때문에 러시아공산당에서 파견되어 국민당의 고문에 취임했던 보로딘이 장제스를 중심으로 한 국민당 내 군사권력의 통일을 지지했던 것이다.

한편 장제스는 공산당원인 저우언라이를 황푸군관학교 정치부 주임으로 삼는 등, 많은 공산당원을 당군 내부의 당대표에 임명했다. 장제스의 비서인 장셴윈(蔣先雲)은 황푸군관학교 제1기 우등졸업생이며 공산당원이었다. 당대표란 러시아 적군의 제도대로 커미사르라 불리며 군대를 당의 관리 아래에 두기 위해 각급 부대에 배치되어 지휘관과 동등한 권한을 행사하는 사람들이었다. 현재도 정치위원이라고 번역되어 중국공산당이 이끄는 중국인민해방군의 제도로 계속 유지되고 있다.

이렇게 구성된 새로운 군사력은 바실리 블류헤르(Vasily Blyukher) 장군을 대표로 하는 러시아 군사고문단의 작전계획을 기초로, 쑨원의 측근이며 국민당원으로서 황푸군관학교의 당대표인 랴오중카이(廖仲愷)의 지휘하에 노동자 및 농민들과 같은 편이 되어, 중국 남부 일각의 많은 군벌세력을 당내로 포섭했다. 그 결과, 혼미한 상태에 빠져 있던 국민당은 새로운 정치발전을 향한 출로를 개척하게 된다.

1925년 2월에는 광둥성 내의 최대 적대세력이었던 천중밍과의 전투에서 농민들이 당군의 군수물자 수송에 협력했다. 이어 6월 국민당 내의 군벌 숙청에 즈음해서는, 광저우의 철도 노동자들이 파업을 일으켜 군벌 측의 병사들이 이동하는 것을 봉쇄했다. 이러한 승리 끝에 국민당이 7월 1일 광저우에 국민정부를 수립했던 것이다.

중산함 사건

황푸군관학교는 국민당의 '군사우선 노선'과 공산당의 '민중운동 노선'을 양립시키고, 이에 더해 군사고문단을 보내 국민당을 친(親)소련 세력으로 키우려고 했던 소련 외교의 중심지였다. 그 때문에 소련 정부는 1926년 3월 장제스가 벌인 최초의 반공(反共) 운동인 중산함(中山艦) 사건 즈음에도 어떻게든 양보를 해서 장제스를 혁명 수행의 중심으로 삼으려 했다.

1925년 3월에 쑨원이 사망하고 8월에는 랴오중카이가 당내 반대세력에게 암살되면서 장제스의 군사력을 통제할 실력자는 더 이상 존재하지 않게 되었다. 그리하여 강해지는 장제스의 군사력을 두려워한 공산당원과 일부 국민당원은 장제스를 비판하고 그의 행동을 제한하기 시작했다.

이러한 상황은 1926년 초 전국통일을 위해 북벌을 조기에 재개하고자 한 장제스와, 블류헤르 장군이 러시아에 귀국한 이후 북벌은 시기상조라고 주장한 러시아 군사고문단 사이의 대립으로 표면화된다. 그리고 국민정부의 주석으로 취임해 정치지도자로서의 지위를 확립하고 있던 국민당원 왕징웨이(汪精衛)와 장제스가 대립하기 시작한다. 왕징웨이는 러시아 고문단에 동조하여 북벌은 시기상조라 생각하고 있었다.

이러한 상황에서, 1926년 3월 20일 새벽 중산함 사건이 일어난다. 중산함은 국민정부가 보유했던 750톤급의 포함(砲艦)으로, 쑨원의 호인 중산(中山)을 따서 붙여진 이름이다. 고립된 장제스는 중산함(함장은 공산당원)이 명령 없이 이동한 것을 공산당의 쿠데타로 간주하고, 왕징웨이를 무시하고 광저우 시내에 계엄령을 선포하여 일시적으로 공산당원을 체포하고 소련 고문단의 주택을 포위했다.

중산함 사건은 자신을 업신여기는 광저우의 정치적 분위기에 대한 장제스의 강렬한 이의제기이자, 군사지도자로서 자신의 힘을 과시한 것이었다.

장제스는 3월 23일에 중산함 함장을 제외한 공산당원들을 석방하고, 소련 고문단의 주택에 대한 포위도 해제했다. 그리고 표면상으로는 자신의 행위가 경솔했다며 처분을 요청했다. 장제스가 지휘하는 군사력의 뒷받침 없이 국민혁명이 진전될 수 없는 것은 명백했다. 그 결과 국민당원은 물론 소련 정부와 공산당원들도 장제스의 행동을 용인하고, 장제스가 독재권력을 장악하는 것을 승인했다. 그리고 왕징웨이는 정권의 중추에서 물러났고 5월에는 프랑스로 떠났다.

그 이후 장제스는 공산당원의 활동을 제한했고, 한편으로는 반공을 외치는 국민당원도 억제시켜 자신의 통제 아래 국공합작의 지속을 도모했다. 그리고 1926년 7월에 국민혁명군 총사령관으로서 당·정·군의 전권을 장악하고, 전국통일을 목표로 하는 북벌에 나선다. 이에 대항해 장제스에게 전권을 양보했던 국민당원과 공산당원도 북벌 개시 이후 왕징웨이의 복귀를 요구하고, 1927년 1월 광저우에서 우한(武漢)으로 이전한 국민정부를 거점으로 삼아 장제스와 대립하기 시작한다.

조작된 공산당원의 공개처형

장제스의 독재권력을 쟁점으로 하는 국공 간의 대립은 1927년 3월경 국민혁명군의 상하이 점령으로 정점에 이른다. 북벌이 진전되는 가운데 지방의 국민당 지부에 대한 지배권을 둘러싸고 공산당원과 장제스 사이의 항쟁이 격화되고 있었다. 공산당원들은 장제스의 상하이 점령에 대항하는 수단으로써 자본가를 포함한 광범위한 시민들이 참가하는 상하이 시정부를 수립하려고 했다. 그리고 국민혁명군의 상하이 점령 직전, 괴멸해버린 상하이 주둔 군벌부대의 무기를 압수하여 그것으로 장제스의 지휘로부터 독립해 있던 군사력인 '노동자 규찰대'를 무장시켰다. 그 당시 상하이에 있던 공산당원의 말에 따르면 이는 사회주의 체제를 향한 일종의 실험으로 노동자를 무장시켰던 것이다.

장제스에 대항하는 국민당원이 세력을 유지하고 있던 '우한 국민정부'는 상하이 공산당원들의 행동을 승인했다. 그러나 상하이를 점령한 장제스는 '노동자 규찰대'의 무장을 해제시키고 공산당원들을 구속했다. 이른바 장제스의 '4·12 상하이 쿠데타'이다. 그리고 4월 18일에 '우한 국민정부'에 대립하는 다른 국민정부가 장제스를 중심으로 난징에 수립되었다.

그렇지만 장제스는 국공합작을 일방적으로 파기하고 공산당원을 처형할 생각은 전혀 없었다. '4·12 사건'이 일어나기 직전까지 장제스는 공산당원인 저우언라이와 '노동자 규찰대'의 무장해제 문제를 놓고 절충하고 있었다. 그리고 장제스는 자기 통제 아래 국공합작을 지속하는 것, 그리고 소련 정부와 관계를 유지하는 것을 바라고 있었다.

그 결과 4월 18일에 열린 '난징 국민정부' 창립식에 소련의 군사고문단이 초대되었고, 장제스도 당일 연설에서 소련과의 관계를 유지할 것임을 확인했다. 장제스의 머릿속에는 공산당을 탄압하고 있음에도 여러 서구 열강과 마주하는 전략적 중요성 때문에 소련 정부가 우호관계를 유지하려고 했던 터키 정부[지도자는 케말 아타튀르크(Kemal Ataturk)]가 떠올랐을지도 모른다.

〈그림〉 상하이 쿠데타 당시 '공산당원의 공개처형'으로 잘못 전해진 사진

자료: 『中國近百年歷史圖集』(香港, 1976).

한편 코민테른은 계속 침묵을 지킨 소련 정부와는 달리 장제스를 격렬히 비난했다. 노동자와 공산당원이 탄압당했기 때문에 혁명외교의 명분에 따라 장제스를 비난할 수밖에 없었던 것이다.

이상의 사실은 소련 정부와 코민테른이 수행한 '이중외교'의 실태를 잘 보여준다. 따라서 이런 상황에서 통설로 언급되고 있는 '4·12 사건'에서의 공산당원에 대한 공개처형은 일어날 리가 없었다. 개설서 등에서 보이는 길거리에서 공산당원을 참수하는 사진은 상하이를 점령하고 있던 군벌이 국민혁명군에 의해 점령되기 직전에 국민당원과 공산당원을 처형했던 광경으로 보인다. '4·12 사건'이 발생한 직후, 상하이에서의 공산당 회의기록에는 공개처형에 대한 언급이 전혀 없으며, 장제스에 대해서 다소 야유를 섞어 '장형(老蔣)'이라고 일컫고 있을 뿐이다.

그러나 그 이후 4월 25일이 되자, 공산당원들이 우한에서 반(反)장제스 대회를 개최한 것을 계기로 장제스도 상하이에서 '공산당원 사냥'을 공개적으로 개시한다.

파탄난 철의 규율

그 당시 상하이에서 양쯔강을 거슬러 1,000km 떨어져 있는 우한에는, 1927년 4월 유럽에서 귀국한 왕징웨이를 지도자로 하는 국민정부가 존재했으며 국공합작을 계속하고 있었다. 왕징웨이는 4월 1일 블라디보스토크(Vladivostok)에서 바닷길로 상하이에 귀환한 이후, 장제스 측의 국민당원들과 국공합작을 지속할 것인지의 여부를 둘러싸고 서로 의견을 교환했다. 그리고 담판이 결렬된 뒤 우한으로 돌아갔다.

'우한 국민정부'의 농정부(農政部) 및 노공부(勞工部) 부장(部長, 장관급)에 각각 공산당의 탄핑산(譚平山)과 쑤자오정(蘇兆徵)이 취임했고, 성(省)과 현(縣)의 지방정부 요직에도 공산당원들이 취임했다. 그런데 '우한 국민정부'가 지배하고 있던 후난성과 후베이성에서는 계급투쟁 이론에 기초해 공산당원이 지도하는 노동자의 과격한 파업과, 토지몰수와 지주의 살해를 동반하는 농민운동이 진행되고 있었다. 그 결과 격화되는 노동자의 파업이 외국의 기업들뿐만 아니라 민족기업의 활동까지 마비시켜, 국민정부의 세수가 격감하고 군비가 부족해지는 상황이 발생했다. 또한 지주에게 쌀을 바치지 않게 된 농민이 거주 지역으로부터 쌀을 이동시키지 않고 자체 소비에 충당하면서, 식용(食用) 쌀이 시장에서 돌지 않게 되었다.

이와 같은 상황에 직면한 공산당원과 러시아인 고문들도 왕징웨이파의 국민당 지도자들과 협력해 파업 사태와 농민운동을 진정시키려고 했다. 계급투쟁을 억제하고 사회질서를 회복하여 정치권력을 재건함으로써 난징의 장제스 정권에 대항하려고 했던 것이다.

그 결과 1927년 4월 하순에는 보로딘의 제안에 따라 '퇴각 정책'이 결정되어 외국 기업들에 대한 노동자의 파업을 조정하려고 했다. 공산당도 지방 하부조직에 대해 토지몰수를 억제할 것을 호소했다. 그렇지만 도시의 노동운동을 지휘하는 하부조직에 대한 공산당 중앙의 통제력은 전혀 발휘되지 않았고, 농민운동을 진정시키는 것 또한 불가능해졌다.

궁핍해진 '우한 국민정부'는 1927년 4월에 우한시 내부의 각 은행이 보유한 은(銀)을 정부가 지정하는 지폐로 강제로 교환시키고 이를 새로운 자금원으로 충당하고자 했다. 그렇지만 자산몰수에 가까운 이러한 정책은 경제공황을 일으켰고, 우한과 외부 지역 사이의 신용거래가 정지되는 결과를 낳았다.

그리고 손쓸 도리 없이 점차 궁핍해지는 가운데, 정치권력의 기반인 군대가 격화되는 농민운동과 서로 충돌하면서, 국공합작을 지속하기에는 해결이 불가능한 모순이 생겨난다. 그 원인은 농민협회가 군대의 식료로 충당되는 군용미를 이동시키지 못하도록 압류했고, 심지어 군인들의 가족을 지주라고 칭하며 박해했기 때문이다. 그 결과 '우한 국민정부'의 기반이 되는 국공합작도 종언을 고한다.

그럼에도 여전히 우한의 국민당원들과 관계를 유지하려 했던 코민테른은 공산당원에게 모순된 명령을 내렸다. 국민당 내에 머무르면서 '우한 국민정부'에서는 나오라고 한 것이다. 이것이 1927년 7월 상순의 일이다. 이에 대해 우한의 국민당원들은 조용히 대응하여 평화적으로 소련 정부 및 공산당과의 관계를 끝내려고 했다. 통설처럼 혁명의 기운이 고조되는 것에 공포를 느낀 우한의 국민당 지도자들이 공산당원과 노동운동을 잔혹하게 탄압한 것이 아니었다. 국공합작의 붕괴와 '우한 국민정부'의 소멸은 계급투쟁 이론에 기초한 노농운동(勞農運動) 노선의 파탄이었다. 정치권력을 뒷받침하는 생산활동을 계급투쟁이 파탄낸 것이다.

어떤 식으로든 승산이 없는 상황에 반발한 공산당원들은 '우한 국민정부'에 대한 군사반란을 독자적으로 계획했다. 그리고 코민테른과 소련 정부가 반대했음에도 국민당 혁명위원회의 이름 아래 8월 1일에 장시성의 난창(南昌)에서 이를 결행했다. 그러나 국민당군에게 진압당했으며, 우한의 국민당도 이것을 계기로 공산당 탄압에 나섰다. 그리고 코민테른도 9월에 상황을 추후 인정하는 형태로 공산당에 농민폭동의 발동을 명령했고, 이로써 국민당과 공산당은 내전상태에 빠졌다.

한편 우한과 난징으로 분열되어 있던 국민정부는 9월 12일에 합류해 난징을 수도로 삼아 재출발했다. 이때에 국민정부와 소련 정부의 외교관계는 유지되고 있었으나, 12월에 광둥성의 광저우에서 발생한 공산당원의 반(反)국민당 반란(일명 광저우 코뮌 사건)에 소련 영사관의 직원이 참가했던 사실이 밝혀지면서 국민정부와 소련 정부 간의 외교관계는 단절되었다.

'우한 국민정부'에 기반을 두고 계속되는 것처럼 보였던 국공합작은 결국 파탄났다. 계급투쟁으로 일어났던 과격한 노동운동과 농민운동이 '우한 국민정부'의 토대를 무너뜨린 것이다.

이러한 사태는 계급투쟁을 인위적으로 발동시켜 사회주의 혁명을 추구하려고 한 볼셰비즘 정치노선의 파탄을 의미하는 것이었다. 계급투쟁은 생산력의 향상에 의해 기존 생산관계가 파기될 때 객관적으로 발생한다. 예를 들자면 몸이 커진 곤충이 옛 껍데기에 머무를 수 없어 새롭게 탈피하는 것과 같다. 그런데 중국의 경우는 필요도 없는데 새로운 껍데기로 탈피하려고 하여, 거꾸로 자신의 몸을 손상시켜 버리고 만 것이다. 게다가 공산당 중앙이 농민운동에서 하부조직을 통제할 수 없게 된 사태는 철의 규율을 자랑하는 볼셰비즘 조직론의 파탄이며, 농민운동이 전통적 반란세력인 회당과 결합한 결과이기도 했다. 다음에서는 국공합작이 성립된 이후에 전개된 노동운동과 농민운동의 공과(功過)를 살펴보도록 하겠다.

노동운동을 둘러싼 불가피한 대립

중국의 노동운동은 국공합작이 성립하기 이전인 1920년대 초부터 국민당원과 공산당원에 의해 별도로 진행되고 있었다. 그 당시는 중국의 민족산업이 아직 발전하지 못한 상황이었기 때문에 비난의 화살은 열강의 상업과 공업 활동을 향했고, 무역항이었던 광저우와 상하이에서 항만 노동자가 배에서 육지로 짐을 나르는 것을 거부한 것을 시작으로 대규모 파업이 전개되었다.

파업으로 열강의 상업과 공업 활동은 타격을 받았고 결과적으로는 중국 민족산업의 발전에 기여했다. 국공합작이 성립된 이후인 1925년 5월 발생한 상하이의 대규모 파업(5·30운동으로 알려짐)과 6월부터 시작된 광저우와 홍콩에서의 대규모 파업은 좋은 사례이다.

1년 이상이나 계속된 광저우와 홍콩의 대규모 파업에서 국민당과 공산당은 전국적으로 이루어진 경제적 지원을 바탕으로 영국자본에 큰 타격을 입혔다. 또한 상하이 파업에서는 저명한 민족자본가이자 '상하이 총상회(上海總商會)' 회장인 위차칭(虞洽卿)이 영국자본과 일본자본에 대항하기 위해 공산당과 협력하고 있었다. 위차칭은 상하이 총상회를 지휘했고, 모금을 통해 파업을 진행하기 위한 자금을 공산당에 제공했다. 그 결과, 외국의 기선회사(汽船會社)가 파업으로 업무가 마비된 사이 위차칭이 경영하던 기선회사 산베이공사(山北公司)가 업무를 확대하여 큰 이익을 얻었다.

이 단계에서 공산당과 민족자본가는 반(反)제국주의 투쟁에서 서로 같은 이해관계에 있었기 때문에 양자 간 충돌이 일어날 가능성은 적었다. 노동운동을 둘러싼 국민당과 공산당 양당 사이의 모순은 첨예화되지 않았고, 노동운동은 국민혁명을 전진시키는 긍정적 요인으로 작동하고 있었다.

그러나 결국 공산당의 지도 아래 민족산업마저 적으로 돌리는 노동운동이 우한에서 전개되었으며, 이로써 국민 각 계층의 협력을 통해 제국주의의 압박과 봉건적 요소를 제거하려던 국민혁명의 틀은 무너졌고 국공합작을 떠받치고 있던 경제적 기반도 파탄났다. 이러한 사태는 공산당원들이 노동운동에 의한 정치권력 탈취를 최종적인 정치목표로 생각하고 있었기 때문에 불가피했다. 노동자는 필요에 의해 자본가와 함께 국민혁명을 진행했지만, 결국 자본가를 타도하고 사회주의 혁명을 실현해야만 했던 것이다.

국민당의 입장에서 볼 때, 이런 파탄을 만들어낸 세력은 국민혁명의 틀을 돌파하려고 한 공산당원들이었다. 그렇지만 공산당원의 입장에서 역사는 전진해야만 하는 것이었으므로, 이를 중단시키려 하는 국민당원들이야말로 '반동분자'로 여겨졌다.

그런데 '우한 국민정부'의 붕괴에서 살펴볼 수 있는 것처럼, 최대 문제는 공산당원들의 이념이 너무 앞서 있어 중국사회의 현실로부터 유리되어 있었다는 점이다. 공산당원들이 지향했던 중국 사회주의 혁명의 앞길에는 이미 비극의 씨앗이 뿌려져 있었던 것이다.

농민운동과 계급투쟁

농민운동은 무엇보다도 국민혁명의 커다란 문제였고, 계급투쟁을 둘러싼 국공 간의 모순도 바로 농민운동에서 첨예화되었다. 국공합작이 성립된 직후부터 광둥성 내의 국민당 지배지역에서는 공산당원에 의한 농민운동이 국민당의 이름 아래 개시되었다. 국공합작 이전부터 이미 광둥성 동부의 루펑현(陸豊縣)과 하이펑현(海豊縣)에서 공산당원 펑파이(澎湃)의 주도 아래 농민운동이 진행되고 있었는데, 국공합작이 성립되자 국민당 중앙농민부가 설립되었다.

광둥의 농민운동은 곧바로 계급투쟁의 색채를 띠며 전개된다. 지주 측의 자경단(自警團)인 민단과 '농민 자위군'이 충돌한 것이다. 대부분의 국민당원은 이 충돌이 사회불안을 조장하고 국민당의 정치적 지배를 동요시킨다며 반발했다. 그렇지만 이러한 반발은 공산당원에게는 국민당원의 반동으로만 여겨졌고, 이로써 국민당원과 공산당원 사이에 일상적인 형태의 긴장관계가 만들어졌다.

국공합작 성립 당초에 쑨원을 대원수로 하여 광저우에서 조직되었던 군정부[軍政府, 대원수부(大元帥府)라고도 함]는 적대하는 군벌들에 의해 주변이 포위당해 있었다. 이러한 상황에서 지주와 소작인의 계급투쟁이 격화된다면 혼란의 틈을 탄 적대세력의 침입을 허용하여 군정부는 붕괴되었을 것이다. 그렇기 때문에 광둥의 농민운동에서 계급투쟁은 억제되었다. 그 결과 농민운동의 발전에 일정한 한계가 있었고, 농민협회 회원수는 운동이 시작된 지 2년이 지난 1926년 당시에도 60만

명에 머물러 있었다.

이에 반해 북벌이 개시된 이후 후난성의 농민운동은 크게 발전해 '우한 국민정부'가 붕괴되는 원인이 된다. 후난성의 농민운동은 시작된 지 6개월이 지난 1927년 초에 회원수가 400만 명에 달했다. 이러한 커다란 성과는 광둥과는 다른 정치적 상황에 의해 일어난 것이다.

1926년 7월부터 시작해 전국통일을 목표로 한 북벌의 최초 관문은 광둥성에 인접해 있는 후난성이었다. 국민당은 광둥성의 농민운동에는 억압적인 자세를 보였지만, 반대로 후난성의 농민운동에 대해서는 국민당에 적대적인 후난성의 정치세력에 타격을 입히기를 기대했다. 그 결과 후난성에서 농민운동을 조직한 경험이 있던 마오쩌둥이 광저우에 개설된 '농민운동 강습소'의 소장이 되었다. 북벌 개시에 앞서, 1926년 3월부터 후난성 출신자를 중심으로 하는 대규모 강습이 시작되었고, 농민운동을 위한 수백 명의 특별 파견 요원이 양성되었다.

그런데 후난성의 농민운동이 크게 발전할 수 있었던 가장 큰 이유는 광둥성과 달리 후난성에서는 농민협회 조직이 전통적인 비밀결사인 회당과 결부되어 있었기 때문이었다. 후난성의 최대 회당조직은 가로회(哥老會)였다.

무뢰배의 군사력

전국 각지에 있는 회당 내부에는 다양한 사회계층이 존재했는데, 그 주된 세력은 유민층(流民層)이었다. 유민층은 마르크스주의에서는 '룸펜 프롤레타리아'라고 불리는 정해진 직업이 없는 불안정한 계층, 즉 생산활동에 종사하는 계층으로서의 자격을 갖추지 못한 존재였다. 그리고 그 불안정한 성격 때문에 경우에 따라서는 프롤레타리아의 적대

계급에 가담할 위험성을 지적받고 있었다. 그러므로 유민층을 중심으로 하는 운동은 기존의 사회주의 이론에서는 전혀 긍정될 수 없었다.

하지만 마오쩌둥이 「후난성 농민운동 시찰보고」에서 확실히 하고 있는 것처럼, 그는 공산당 중앙의 비판에도 아랑곳하지 않고 유민이 발휘하는 폭력을 혁명의 파괴력으로 수용하여 사회주의를 향한 새로운 길을 열어가고자 했다.

중화인민공화국이 성립된 이후 공식적으로 간행된 『마오쩌둥 선집(毛澤東選集)』에서는 유민층에 대한 마르크스주의의 부정적 관점을 의식해, 마오쩌둥의 「후난성 농민운동 시찰보고」의 원문에 있던 농민협회 회원 가운데 유민층을 묘사하는 "녹색의 긴 상의를 입고 있는 자"와 "도박과 마작을 하는 자" 등의 표현은 삭제되었다.[2]

한편 광둥 농민운동에서 유민층은 농민협회로부터 배제되어 있었다. 유민층의 존재 때문에 농민협회가 무뢰배의 조합이라는 사회적 비난이 생겨났기 때문이다. 광둥성에서 농민협회 회원은 소작농민으로 한정되었고, 운동의 책임자였던 펑파이가 자신의 저서 『하이펑 농민운동』[3]에서 확실히 표현하고 있는 것처럼, 농민들에게 마르크스주의의 잉여가치 이론을 가르치고 소작료 인하요구의 정당성을 설명하고 있었다. 그렇기 때문에 이 점에서는 실로 '정통' 농민운동이었다.

그러나 '우한 국민정부' 말기의 폐색상태를 돌파하기 위해서는 마오쩌둥의 방법밖에 없었다고 할 수 있다. 예를 들어 공산당 중앙의 지령

---

2 毛澤東文獻資料硏究會, 『毛澤東集』 第1卷(第2版, 蒼蒼社, 1983).

3 彭湃, 「海豐農民運動」, 人民出版社 編, 『第一次國內革命戰爭時期的農民運動』(北京: 人民出版社, 1953年 10月, 初版).

으로 노동운동이 억제되었다고 해도, 그것은 지주-소작인, 자본가-노동자라고 하는 기존의 생산관계를 용인하는 것을 의미하기 때문에, 혁명운동의 퇴행을 뜻했다. 1보 후퇴하고 2보 전진을 기다리는 주도면밀한 전략은 이제 막 출현한 중국공산당에게 바랄 수 없는 것이었다.

코민테른에도 이와 같은 전략은 없었으며 중국 내의 친(親)소련 세력을 붙잡아 두고자 하는 외교적인 동기에서 오로지 국민당과의 합작을 유지하려고 하는 무리한 노력만을 계속하고 있었다. 그렇지만 실제 상황은 이미 어떠한 정치적 방침을 통해서도 수습이 불가능한, 일종의 '소란 상태'에 빠져 있었다.

이와 같은 상황에서, 코민테른이 반대했음에도 1927년 8월 1일 발발한 공산당원들의 군사반란은 (당시까지 국민당의 이름을 쓰고 있었지만) 당연한 귀결이었다. 이를 통해 공산당원들은 독자적인 존재감을 과시하고, 역사 단계의 새로운 막을 열었던 것이다.

그 당시 공산당의 군사력은 국민당의 군사력에 기생하고 있었고, 정치권력을 탈취하기 위해 반드시 필요한 독자적인 무력은 갖추고 있지 못했다. 그렇기 때문에 반란은 곧 실패로 끝나게 되었지만, 머지않아 공산당의 독자적인 무력이 '농촌 게릴라'로서 구축되었다.

이후 1933년에 8월 1일이 공산당군(共産黨軍)의 건군 기념일로 제정되었다. 그러나 그와 동시에 8월 1일 공산당의 군사반란은 '사회주의의 옷을 입은 봉건왕조'의 출발점이기도 했다.

2. 사회주의의 길인가, 국가자본주의의 길인가

전통적 반란으로의 회귀

국민당과 적대관계에 빠진 공산당의 입장에서는 정치지배가 허술한 각 성 사이의 경계지역으로부터 유민층을 흡수하여 군대[홍군(紅軍)]를 조직하고, 게릴라전(유격전)으로 농촌에 지배지역을 만들어 국민당의 지배에 반항하는 것 이외의 길은 없었다. 이것은 중국의 사회주의 혁명이 '사회주의의 옷을 입은 봉건왕조'의 출현을 초래하는 회로에 빠진 것을 의미했다.

중국 역사를 보면 쇠퇴한 왕조 말기에 빈번하게 발생하는 유민층의 반란이 사회의 동요를 더욱 촉진시키고, 결국 대규모의 농민반란이 발생해왔다. 마오쩌둥은 1928년 11월 공산당 중앙을 향한 보고에서, 자신들의 유격전은 전통적인 반란인 다장산(打江山, 산에 틀어박혀 무장한 채 반정부 활동을 한다는 의미)이라며 전국적인 혁명의 확산과 결합해야 할 필요성을 확인하고 있다. 자신들이 수행하고 있는 운동의 전통적 속성을 인지하고 있었던 것이다.

공산당원의 반란이 일어나기 15년 전인 1912년, 신해혁명 이후의 혼란 속에서 병사와 유민층이 결합한 '바이랑(白朗)의 난'이 발생했다. 이 반란은 1914년에 진압되었지만 일시적으로 광대한 지역에 대해 지배권을 행사하기도 했었다. 그런 의미에서 공산당원들의 행동 또한 그 당시에는 특별한 것이 아니었다.

이런 배경으로 외부에서 유입된 '새로운 사상(新思想)'에 입각한 실험이었던 중국의 공산주의 운동은 변모하게 되었고, 중국사회의 실제 상황에 따라 전개되기 시작했다. 바로 '사회주의의 옷을 입은' 전통적 반란의 길이다.

중국공산당은 지배지역을 소비에트구(區), 군대를 홍군이라 명명하면서 계급투쟁을 통한 사회주의 혁명의 실현을 목표로 하고 있었다. 마오쩌둥은 나중에 이 상황을 '프롤레타리아가 지도하는 농민반란'이라고 정의하면서,[4] 봉건왕조가 출현해왔던 전통적인 역사 순환과는 다른, 사회주의를 향한 새로운 중국의 길이라고 규정했다. 그렇지만 이 책의 앞부분에서 다룬 왕샤오창의 논문이 지적한 바와 같이 '프롤레타리아'는 이념상의 존재이며 사회계층으로서 반란에 참여한 것은 아니다.

당시 중국에서는 사회주의 혁명의 핵심이 되어야 할 노동운동은 파멸하고 있었다. 국공합작이 파탄난 이후에도 도시에서는 공산당에 의한 노동자의 조직화가 비밀리에 진행되고 있었다. 그러나 공산당 지도 아래 있던 노동조합 중앙기관인 중화전국총공회(中華全國總工會)는 1929년에 상하이에서 제5차 총회를 개최한 이후 1932년에 국민당의 감시를 피해 소비에트구로 피난했다. 이후 소비에트구 내를 전전하다 국공내전의 승리가 확실시된 1948년 8월에 제6차 총회가 하얼빈에서 열렸다. 이후 중화전국총공회는 새롭게 재조직된다.

유민과의 표면적 결별

마오쩌둥이 최초의 게릴라 근거지로 삼은 장시성 서남부의 징강산(井崗山)에는 회당의 수령이 부하를 거느리고 산채를 구축해놓고 있었다. 마오쩌둥은 국공합작이 파탄난 이후인 1927년 9월 후난성에서 농

---

4 마오쩌둥, 「≪공산당인(共産黨人)≫ 발간사」(1939年 10月).

민폭동을 일으켰지만 곧 진압되었다. 그 이후 600여 명의 패잔병을 이끌고 남하하여 10월에 후난성과 장시성의 경계지역에 위치한 요충지인 징강산의 산채로 들어갔다. 회당의 수령이었던 위안원차이(袁文才)는 원래 공산당원이었는데 부수령 격인 왕쭤(王佐)와 함께 이때 다시금 공산당에 입당했다.

그 이후 1928년 5월에, 한때 국민혁명군 제3군의 고급장교이자 공산당원 출신의 군인이었던 주더(朱德, 훗날 인민해방군 원수)의 반란부대가 합류하여, 공농홍군(工農紅軍) 제4군이 성립되었다. 제4군이라고 칭한 것은 국공합작 가운데 가장 공산당에 가까웠던 국민혁명군 제4군을 고려한 것으로 보인다. 그 당시 징강산 이외에도 공산당원들이 지배하는 같은 형태의 소비에트구가 각지에서 출현하기 시작했다.

1928년 11월에 마오쩌둥은 공산당 중앙에 징강산에서의 활동에 관한 보고를 했다.[5] 그는 홍군의 병사 중에는 유민 출신자가 많으며, 이들을 신속히 노농분자(勞農分子, 노동자와 농민)로 전환시켜야 하지만 뾰족한 수가 없고, 유민의 전투력은 상당히 높기 때문에 정치훈련을 강화하여 그들의 질을 변화시키는 것이 유일한 방도라고 서술하고 있다.

유민들이 조직한 회당 세력을 정치적 혁명을 이루기 위한 수단으로 이용하려 한 것은 공산당이 처음은 아니었다. 이미 쑨원이 1911년 신해혁명 이전부터 회당의 폭력을 혁명의 기폭제로 이용하려고 몇 차례나 시도했다. 또한 신해혁명 이후의 혼란 속에서 지방의 지주들도 세력을 보전하기 위해 회당을 이용하고 있었다.

---

5 人民出版社 編, 『第一次國內革命戰爭時期的農民運動』(北京: 人民出版社, 1953年 10月, 初版), p. 112.

그렇지만 회당과의 사이에 선을 긋지 않고 그들 사이로 들어가 생활을 같이하고, 그 세력에 크게 의존한 것은 마오쩌둥 지도 아래의 공산당원들이 처음일 것이다. 1930년 공산당의 내부조사에 따르면, 조사대상인 지방의 소비에트구, 즉 장시성 싱궈현(興國縣) 융펑구(永豊區) 소비에트 정부위원 18명 가운데 6명이 전직 노름꾼이었다. 그리고 다른 정부위원들도 그 당시 중국에서 떳떳한 직업군이라 볼 수 없는 이들이 대다수였다.[6]

이에 대해 코민테른과 공산당 중앙은 비판적이었고, 이 조사 이후 공산당은 '유민문제(流氓問題)' 결의를 채택해 유민 출신자를 당과 군에서 배제하기로 결의했다. 유민 출신자는 느슨한 '조직 감각'과 '폭력을 위한 폭력'이라는 난폭한 정치적 관념을 갖고 있다는 것이 그 이유였다. 그리고 이후 수년 동안 공산당 내의 회당 세력은 일소되었으나 유민 출신자의 체질이 중국공산당의 체질로 남게 된 것을 부정할 수는 없다. 왜냐하면 주요한 구성요소는 아니었다고 해도 유민 출신자는 그 이후에도 중국공산당에 참가했기 때문이다.

중화인민공화국이 성립된 이후 인민해방군 원수가 된 군인 중 허룽(賀龍)이라는 이가 있다. 그가 예전에 가로회의 회원이었으며, 또한 토비(土匪)의 경력이 있는 사람이라는 것은 잘 알려져 있다.

중화소비에트공화국의 성립

코민테른은 변경지역에서 일어난 소비에트구 건설에 큰 의의를 두

6 福本勝清, 『中國革命を駆け抜けたアウトローたち: 土匪と流氓の世界』(中公新書, 1999), p. 157.

지 않았으며 이를 도시의 노동운동에 연동되는 보조적인 존재로밖에 여기지 않았다. 그러나 이후 공산당의 소비에트구 건설은 급속하게 발전했다.

1930년 초에 중국 전역에는 10여 개의 소비에트구가 성립되었고, 중앙소비에트구였던 장시성(江西省)과 푸젠성(福建省)에 걸친 지역은 남북 200km, 동서 150km 정도의 규모에 인구는 300만 명 이상이었다.

소비에트구가 급속하게 확대된 것은 장제스와 국민당 내의 다른 군사지도자들 사이에 발생한 대규모의 군사적 충돌 때문이었다. 이에 따라 국민당이 소비에트구 공격에 병력을 집중시킬 수 없었던 것이다. 또한 중국 북부를 향하는 일본군에 대한 국민정부의 저항도 국민당의 병력을 분산시켜 소비에트구에 대한 공격을 약화시켰다.

그리고 공산당이 우세했던 국민당군과의 전투과정에서는 '적이 진격하면 나는 물러나고, 적이 주둔하면 나는 교란시키고, 적이 피로하면 나는 공격하고, 적이 퇴각하면 나는 추격한다(敵進我退, 敵駐我擾, 敵疲我打, 敵退我追)'라는, '적을 깊숙이 유인하는(誘敵深入)' 유격 전술(게릴라 전술)을 활용한 것도[7] 소비에트구의 확대에 기여했다.

1931년 11월 중앙소비에트구의 중심도시인 장시성의 루이진(瑞金)에 마오쩌둥을 주석으로 하는 중화소비에트공화국 임시정부가 수립되어 전국의 소비에트구를 통괄하게 되었다. 그리고 중화소비에트공화국의 「토지법」이 제정되어, 지주와 부농(대규모 경영을 하는 농민으로 소작지도 소유함)의 토지가 몰수되었고, 토지가 없는 빈농에게 분배되었다.

---

7 毛澤東, 「中國革命戰爭的戰略問題」, 『毛澤東選集』 第1卷(人民出版社, 1936年 11月).

그리고 부농에게는 메마른 토지가 배당되었다.

1933년에는 토지개혁의 기본방침으로서 「어떻게 계급을 분석하는가」와 「토지투쟁 가운데 몇 가지 문제에 대한 결정」이 제정되었다. 이 두 개의 문서는 이후 중화인민공화국 토지개혁의 기준이 된다. 중화소비에트공화국 임시정부는 지폐와 공채를 발행했으며 세금도 징수했다. 1934년에 제정된 「헌법대강」은 소비에트 정권의 성격을 사회주의를 지향하는 '노동민주 독재정권'이라고 규정했다. 중화소비에트공화국은 중화인민공화국의 원점이 되었다.

겉치레뿐인 사회주의적 변혁

중화소비에트공화국에서는 지주제도가 붕괴했고 토지를 얻은 빈농이 공산당의 지지기반이 되었다. 그렇지만 수작업 위주의 농업의 생산수단에는 그 어떤 변화도 없었고, 토지를 얻은 빈농은 생산력의 증강을 담당하는 신흥계급이 될 수 있는 객관적 조건을 전혀 갖추고 있지 못했다. 그렇기 때문에 역사를 전진시키는 데 반드시 필요한 요소인 생산력의 향상은 기대할 수 없었고, 새로운 역사발전의 계기 또한 생겨날 수 없었다.

중화소비에트공화국의 생산력을 구성하는 요체는 중농과 부농이라 불리는 자작농민이었다. 그들은 상품작물 등을 통해 상업과 소규모 공업을 경영하고 있었고 공산당을 무조건 지지하지는 않았다. 따라서 공산당이 표면적인 방침으로 '부농에 대한 타격'이라는 슬로건을 내걸고 있었지만, 부농과 중농을 적으로 만들게 될지도 모르는 '사회주의적 변혁'이 농촌사회에서 철저하게 실행되지는 않았다. 소비에트구의 사회체제는 어중간한 상황에 놓여 있었다.

빈농은 토지를 얻고 소작료라는 지주의 '착취'로부터는 '해방'되었지만, 그 대신 세금으로 공산당에 농산물을 바쳐야만 했다. 농민의 세금 부담은 가벼운 것이 아니었고, 이는 공산당의 농민 착취로 간주할 수도 있었다.

각지의 소비에트구는 농업생산력이 낮은 산간 지역에 존재하고 있었는데, 중앙소비에트구의 경우에는 10만 명 이상의 홍군 병사와 수많은 소비에트 정부의 인원들을 육성했다. 그래서 식료품이 부족했고 공산당은 '식료를 빌린다'는 명목으로 징발을 하고 있었다. 이러한 상황에 국민정부의 금수(禁輸) 정책이 더해졌다. 1934년에 중앙소비에트구가 국민정부군의 포위공격으로 붕괴될 즈음에는 공산당이 방위비까지 걷으려고 했기 때문에, 농민들은 국민정부 시대보다 더욱 무거운 세금을 내고 있었다. 공산당이 오고 나서 오히려 농민들의 생활이 더욱 가혹해졌던 것이다.

주더에 이은 홍군의 군사지도자 서열 2위이자 훗날 소비에트구를 이탈한 궁추(龔楚)에 따르면, 홍군 병사에게 지급되는 식량과 의류는 열악했다고 한다. 병사의 20% 이상이 신발을 지급받지 못해서 발에 물집이 잡혀 고생을 했고, 영양불량이 겹쳐 다수의 사망자가 나오고 있었다.

혹독한 상황임에도 소비에트구가 내부적으로 붕괴하지 않은 이유는 공산당의 관리체제가 철저했기 때문이다. 궁추에 따르면, 소련의 체제를 본뜬 국가정치보위국(國家政治保衛局)이 민중 생활과 군사 방면 모두를 엄중하게 감시하고 있었다고 한다.

매우 가혹한 상황에 놓인 소비에트구의 존속에 대해 마오쩌둥은 현실주의적인 입장이었다. 궁추에 따르면, 마오쩌둥은 농업생산 활동의 핵심인 부농을 중시했다고 한다. 그러나 코민테른과 그 지도 아래에 있던 공산당 중앙은 이와 같은 현실적인 노선에 대해 사회주의화에 철저하지 못하다는 측면에서 비판적이었다. 이미 1930년 소련의 농업집단화에 즈음하여 신경제정책을 통해 일시적으로 부활했던 부농은 사회주의의 적으로서 근절되고 있었기 때문에, 이러한 상황을 근거로 한 방침이었던 것으로 생각된다.

그 결과 부농의 힘을 약화시키기 위해 새로운 토지몰수 정책인 '사전운동[査田運動, 전지(田地)를 조사하는 운동]'이 1933년 6월부터 2개월에 걸쳐 전개되었다. 그러나 국민정부군에 포위되어 있던 공산당이 생산력의 핵심인 부농을 근절하는 것은 불가능했으며, 따라서 부농이 소멸하는 일은 없었다. 중국공산당이 사회주의화에 방해가 되는 부농을 근절한 것은 정치권력을 완전히 수중에 넣고, 부농의 반격을 무서워할 필요가 없어진 중화인민공화국 성립 이후이다.

새로운 생산수단의 도입으로 생겨나는 물질적 발전의 계기 없이 '사회주의'를 추구하는 이데올로기만 비대해지고 있던 중화소비에트공화국 사회는 서서히 막다른 길에 빠지게 될 운명이었다. 그러나 소비에트구가 존재했던 1930년대와 1940년대는 국민당과 내전을 벌이고 일본군과 전쟁을 했던 시대로서, 내재하는 모순보다 외부로부터의 공격에 의해 붕괴되는 것을 막는 것이 더 중요했다. 그 때문에 소비에트구 내부의 모순은 억제되었고, 외부의 공격에 대항하는 군사전략과 정치전략이 공산당 내부 논의의 초점이었다.

그리고 이러한 논점들에 대응해 탁월한 이론을 만들어내고 또 실천한 사람이 바로 마오쩌둥이며, 마오쩌둥 사상의 근간도 이와 같은 두 가지 논점에 있다고 할 수 있다.

중앙소비에트구의 붕괴가 초래한 마오쩌둥의 대두

국민정부는 중앙소비에트구에 1930년 12월부터 1934년 10월까지 5회에 걸쳐 단속적(斷續的)인 포위공격을 가했다. 제1회부터 제4회까지의 공격에서는 국민당의 내분과 일본군에 의한 북방으로부터의 압력이 국민정부군의 군사력을 감소시켰고, 홍군의 유격전도 성과를 거두어 중앙소비에트구는 방위에 성공하고 있었다. 그러나 국민정부가 1933년 5월에 일본군과 「탕구(塘沽) 정전협정」(탕구는 톈진의 외항)을 맺어 만주사변 이후 중일 양국의 군사적 긴장상태는 일시적인 소강상태에 놓였다. 또 국민정부군은 한스 폰 제크트(Hans von Seeckt) 장군을 수장으로 하는 독일 군사고문단을 맞아들여 중앙소비에트구 공격에 병력을 집중했다. 그리고 주민에 대한 선무공작(宣撫工作)과 토치카(tochka)를 이용한 포위를 기초로 하는 새로운 전략에 따라, 80만 명의 병력을 동원하여 1933년 10월부터 제5회 포위공격을 개시했다.

국민정부군의 공격에 대해 홍군은 유격 전술을 포기하고, 코민테른이 파견한 독일 군사고문 오토 브라운[Otto Braun, 중국명 리더(李德)]이 입안한 진지 전술을 채택했다. 그리고 1년에 걸친 격전 끝에 홍군은 패배하고 중앙소비에트구의 중심인 루이진은 1934년 10월에 함락된다. 마오쩌둥은 그 당시 유격 전술과 사전운동의 오류를 비판당해 공산당 정치국원(政治局員)에서 면직되었다.

오늘날 중국공산당 측의 연구에서는 유격 전술을 버리고 진지를 쌓아 국민당과 정면에서 싸운 것이 홍군이 패배한 최대 원인으로 지적되고 있다. 그러나 유격 전술은 '적이 진격하면 나는 물러난다'는, 적과는 정면충돌하지 않는 것이 원칙이기 때문에 병력은 보전할 수 있지만 지배 아래에 두고 있는 민중은 보호할 수 없는 속성을 띤다. 중화소비에

〈그림〉 1930~1934년 공산당 소비에트구와 대장정의 주요 행로

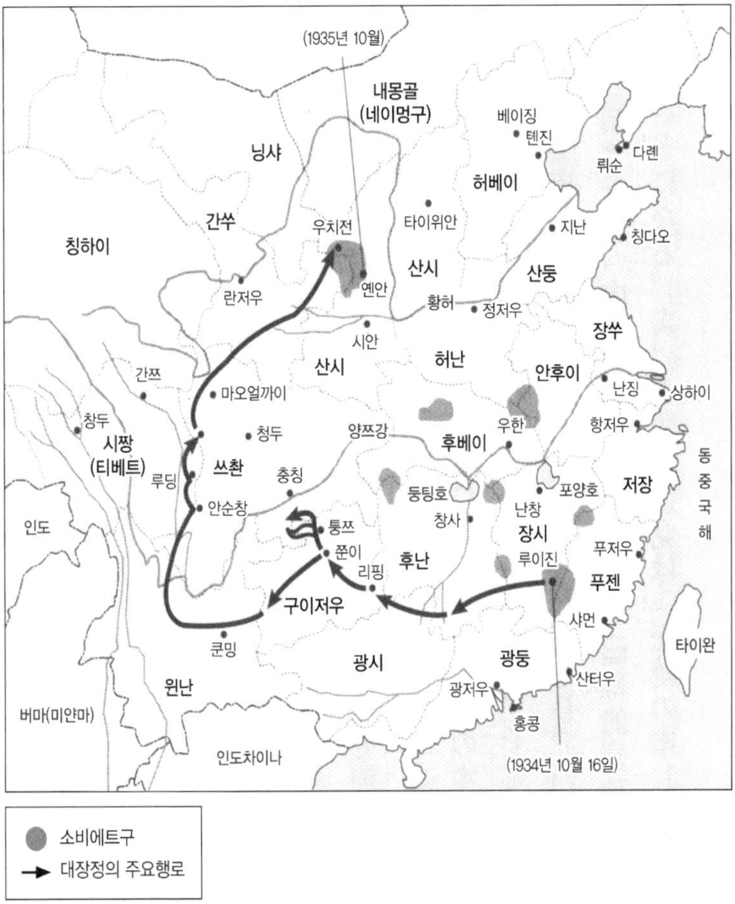

자료: 『中國近百年歷史圖集』(香港, 1976).

트공화국이 국가이고 국민의 보호가 국가의 의무라면 유격 전술로는 국민을 보호할 수 없는 것이다.

그렇기 때문에 공산당 지도부에 의한 유격 전술의 포기는 어쩔 수 없는 조치였다. 만약 유격 전술을 채택했더라도 주도면밀한 계획과 대규

모의 병력이 투입되었던 제5회 공격에 대해서는 무력했을 것이며, 중앙소비에트구는 붕괴했을 것이다.

그 이후 포위를 돌파하고 북방으로 도피한 홍군은 1935년 1월에 구이저우성(貴州省)의 쭌이(遵義)에서 정치국 확대회의를 개최하고, 패배의 책임을 브라운을 포함한 지도부에 돌렸다. 그리고 실각했던 마오쩌둥은 공산당 중앙정치국의 상임위원으로 선출되어 다시 주도권 장악을 향한 길을 걷기 시작한다.

마오쩌둥이 대두하게 된 가장 큰 요인은 그가 일관되게 유격 전술의 옳음을 확신하고 이를 추진하려 했다는 사실이다. 그 결과 유격 전술의 정확성이 확인되어 주더, 저우언라이, 마오쩌둥이 군사지도권을 장악한다. 유격 전술의 포기가 소비에트구 붕괴의 원인으로 지목된 것은 마오쩌둥의 주도권 확립에 대단히 유리하게 작용했다. 그 이후 홍군은 1935년 10월에 산시성(陝西省) 북부에 겨우 도착했고 옌안(延安)을 새로운 근거지로 삼는다.

홍군의 북방을 향한 이동은 '(대)장정'으로서 긍정적인 평가를 받는다. 그러나 사실 이는 도피행이었으며 절멸은 면했지만 국민정부군에 의해 변경에 내몰리게 된 것이다. 병사 규모는 약 3만 명까지 감소했다. 공산당이 이러한 경제적 궁핍 상태를 벗어나 새로운 정치적 전개를 도모하기 위해서는 커다란 역사적 변동이 필요했다. 그리고 이 변동은 중국사를 변화시키는 전통적 요인이었던 '이민족의 침입'에 의해 야기된다. 바로 1937년에 시작된 일본군의 중국 침공이다.

공산당은 국공합작 중 '우한 국민정부' 아래 발생했던 1927년 첫 번째 막다른 길을, 사회주의 이론과는 무관한 전통적인 농민반란을 돌파구로 삼아 헤쳐나갔다. 그리고 전통적 농민반란으로 직면하게 된 두 번째 막다른 길을 중국사의 또 다른 전통적 변동요인인 '이민족의 침입'에 편승하여 극복한다. 중국공산당은 '전통이 점지해준 기린아(麒麟兒)'였던 것이다.

문화대혁명의 축소판

마오쩌둥은 쭌이회의에서 공산당 내부의 실질적인 주도권을 확립했지만 최고지도자 총서기에는 코민테른에 연줄이 두터웠던 소련 유학파 출신의 장원톈(張聞天)이 취임했다. 장원톈은 마오쩌둥의 지도권을 승인하는 명목상의 총서기이기는 했지만, 코민테른이 해산(1943년 5월)되기 2개월 전까지도 그 지위를 유지했다. 이는 중국공산당이 코민테른의 지부이고, 모스크바의 지휘 아래 행동한다는 명분 때문이었다.

이 사이에, 훗날 마오쩌둥의 최대 라이벌이 되는 왕밍[王明, 본명은 천사오위(陳紹禹)]이 1937년 11월 말 모스크바에서 귀국했다. 왕밍 또한 소련 유학파 출신이며, 1931년부터는 모스크바 주재 중국공산당 대표로 코민테른 집행위원회 위원을 맡고 있었다. 마오쩌둥이 권력을 확립하기 위해서는 공산당 내부의 소련파 세력을 물리칠 필요가 있었다.

공산당이 옌안에 내몰리게 된 직후에 발발한 일본과의 전쟁은 마오쩌둥에게 귀중한 시간이었다. 국민당과의 내전은 중단되었고 일본군도 산간벽지인 옌안을 공격하지 않았다.

이와 같이 상대적으로 안정된 상황 속에서 마오쩌둥은 공산당 지도자로서 반드시 필요한 자신의 이론체계를 완성한다. 마오쩌둥은 1949년 이전까지 주요한 이론저작을 전부 옌안에서 집필했다. 이들 저작의 완성에는 천보다와 아이쓰치(艾思奇) 등의 이론가들이 협력했다.

유격전의 이론을 확립한 「중국혁명전쟁의 전략문제(中國革命戰爭的戰

略問題)」는 1936년에 집필되었다. 마오쩌둥 사상의 핵심으로서 중시되는 「실천론」과 「모순론」을 포함한 『변증법 유물론(辯證法唯物論)』은 1937년에 쓰여졌다. 「실천론」은 주체가 어떻게 객관적 상황에 관계되어야 하는지를 논하고 있으며, 「모순론」은 객관적 상황에 포함되어 있는 여러 모순의 상호작용을 논한 것인데 모두 사회주의 혁명의 성공을 위한 전략 및 전술과 밀접히 관련되어 있다.

한편 1936년 여름에 미국인 저널리스트 에드거 스노(Edgar Snow)가 옌안을 방문했다. 그리고 마오쩌둥과의 인터뷰 내용을 포함하여 중국공산당의 역사를 소개한 『중국의 붉은 별(Red Star over China)』이 1937년 10월에 런던에서, 이어 1938년 1월에는 뉴욕에서 발매되면서, 마오쩌둥은 국제무대에 등장한다. 또한 1940년에는 중화인민공화국의 건국이념이 된 「신민주주의론」이 마오쩌둥의 이름으로 발표된다.

마오쩌둥 권력확립의 마무리는 옌안에서 일어난 정풍운동이었는데, 이는 1942년 2월부터 시작해 1945년 봄까지 전개되었다. 학풍(學風, 학문의 양식)에서의 주관주의, 당풍(黨風, 당 활동의 양식)에서의 종파주의, 문풍(文風, 문장의 양식)에서의 틀에 박힌 말의 나열 등 모두 세 가지에 반대한다는 명목 아래 각자의 사상과 활동 상황이 철저히 조사되고 밝혀져, 마오쩌둥의 노선이 옳다는 합의가 강제적으로 이루어졌다.

저항하는 자에게는 체포와 감금이 기다리고 있었다. 그리고 1943년 코민테른의 해산으로 마오쩌둥은 자유재량을 얻었으며, 정풍운동에 박차를 가했다. 옌안의 정풍운동은 이후에 발생하는 문화대혁명의 축소판이었다.

옌안에서 정풍운동이 일어난 결과 소련파를 중심으로 하는 반(反)마오쩌둥 세력이 일소되어 마오쩌둥의 일원적 지배가 실현된다. 1945년에 열린 중국공산당 제7차 전국대표대회(제7차 당대회)에서 당의 규약인 당장(黨章)에 "마오쩌둥 사상을 지도(사상)로 삼는다"는 것이 분명히 명기되었다. 마르크스주의를 중국화한 마오쩌둥 사상의 출현이다. '마오쩌둥의 중국'을 향한 길이 열린 것이다. 류사오치, 저우언라이, 덩샤오핑은 마오쩌둥에 따르는 것을 통해 당내의 지위를 보전하고 있었다.

제2차 세계대전이 종료되고 1946년부터 재개된 국민당과의 내전에서, 마오쩌둥에 의한 일원적 지배의 확립은 중국공산당이 독자적 전략으로 통일된 싸움을 전개하는 데 큰 역할을 했다. 이에 반해 장제스의 지배 권력을 둘러싼 당내 투쟁의 불씨가 남아 있었던 국민당은 결국 공산당의 교묘한 통일전선 전술에 의해 반(反)장제스파가 농락당하게 되면서 당 내부의 결속이 와해된다.

평가되어야 할 '난징 국민정부'의 경제건설

공산당이 변경 지역에서 전개한 소비에트구 건설은 토지개혁을 단행하고 사회주의 혁명을 추구하는 표면적인 참신함과는 반대로, 역사를 전진시키는 내실을 갖추지는 못하고 있었다.

이에 반해, 도시를 중심으로 전개된 '난징 국민정부'의 경제건설은 생산수단의 대폭적인 혁신에 의해 사회의 생산력을 향상시키는 내실이 있었고 중국사에 새로운 발전의 가능성을 보여주고 있었다. 바로 국가자본주의 중국을 향한 길이다. 이와 관련해 현재 중국의 개혁·개방 정책은 국가의 관리 아래 자본주의를 도입하는 방식으로, 본질적으로 국민당의 국가자본주의 건설과 그 궤를 같이하고 있다. 이미 1930년대에 국민당이 걸어가고 있던 길을 중국공산당은 1980년대에야 걷기 시작한 것이다. 그 사이의 50년은 낭비된 것일까.

'난징 국민정부'가 경제건설을 진행하고 있던 1930년대의 중국에서는 농민문제를 해결하기 위한 여러 가지 정책이 시험 중이었다. 그중 옌양추(晏陽初)가 허베이성에서, 량수밍(梁漱溟)이 산둥성에서 시행했던 향촌건설 운동이 유명하다. 이 정책들은 교육을 통해 농민의 생활수준을 향상시키고, 새로운 농업기술을 보급시켜 농업생산력을 높이는 것이 목적이었으나 1937년 일어난 중일전쟁으로 중단될 수밖에 없었다.

공산당 측 연구에서는 향촌건설 운동은 생산수단의 개량을 시험한 것뿐이며, 지주제도라는 생산관계의 근본적인 모순을 해결하지 않은 어중간한 시도였다고 설명하고 있다. 그러나 지주제도를 소멸시키고 근본적인 문제를 해결해야 할 중국공산당의 농업 정책은 이미 파탄에 직면해 있었다. 그렇기 때문에 근본적인 해결책이 없었다고 비판받는 1930년대의 새로운 농업 정책의 가능성 또한 유념해야 하는 것이다.

'난징 국민정부'의 경제건설에 대해 긍정적인 평가를 내리는 것은 기존의 역사연구에서는 소수파의 입장이었다. '난징 국민정부'가 일본군의 침략으로 경제건설을 중단하고 여기에 제2차 세계대전 이후 중국공산당과의 내전에서도 패한 결과, 중국에는 국가자본주의가 아닌 사회주의를 목표로 하는 중화인민공화국이 성립되었기 때문이다.

마오쩌둥의 비서로 중국공산당의 정치이론 구축에 관여했던 천보다는 제2차 세계대전 이후 벌어진 국공내전 중 『중국 4대가족(中國四大家族)』[8]과 『인민공적 장제스(人民公敵蔣介石)』[9]를 발표하여 '난징 국민정부'를 공격했다. 천보다는 '난징 국민정부'의 경제체제를 관료자본과 민족

8 陳伯達, 『中國四大家族』(長江出版社, 1947).

9 陳伯達, 『人民公敵蔣介石』(華東新華書店, 1948).

자본으로 구분했다. 그리고 '난징 국민정부'의 정책은 장제스와 재정부장 쑹쯔원(宋子文) 개인의 배를 불리는 '봉건적·매판적(買辦的, 외국 제국주의의 대리인을 의미)' 정책이며 민족산업과 중국의 경제발전을 방해했다고 주장했다.

천보다가 '난징 국민정부'의 경제 정책을 공격한 대전제는 민족산업의 자연스러운 발전이 건전한 국민경제의 발전이라는 관점이다. 그렇지만 일본, 독일, 러시아 등의 후발 열강들의 경제건설 사례에서 알 수 있듯이, '난징 국민정부'의 국가권력에 의한 경제의 통제와 보호육성은 청조가 붕괴된 이후 내전으로 피폐해져 있던 중국경제를 재건하기 위해서는 불가피한 것이었다. 이는 현재 중화인민공화국이 보여주고 있는 경제건설에도 들어맞는다.

천보다가 논고를 발표할 당시 공산당은 제2차 세계대전 이후 국공내전을 벌이고 있었고, 사회주의로의 과도적 단계인 '신민주주의'를 제창하며 민족자본가들의 지지를 획득하려는 상황이었다. 그렇기 때문에 천보다의 '난징 국민정부'에 대한 경제건설 비판은 민족자본가들이 안심하고 공산당 주도 아래의 신민주주의 체제에 참여할 수 있는 논리적 근거를 제시하기 위한 것이었다. 결국, 처음에는 정책을 뒷받침하기 위한 논의였지만, 이후 공산당이 국공내전에서 승리하고 중화인민공화국을 성립시켰다는 엄연한 역사적 사실로 인해, 누구도 천보다의 이 논리에 반론을 제시할 수 없는 상황이 만들어진 것이다.

'난징 국민정부'의 경제 정책에 대한 편향된 평가는 1970년대가 되면서 바뀐다. 소련의 학자 A. V. 멜리크세토프(A. V. Meliksetov)가 1972년에 '난징 국민정부'의 경제 정책을 긍정적으로 평가하는 『중국의 관료자본: 1923~1937년에 걸친 국민당 경제 정책과 국가자본주의의 발전

(Бюрократический капитал в Китае. Экономическая политика гоминьдана и развитие государственного капитализма в 1927~1937 гг.)』[10]을 발표한 것이다.

멜리크세토프는 '난징 국민정부'의 경제 정책이 주도면밀한 계획에 따라 국가자본주의를 육성하는 데 중점을 두었다는 것을 증명하면서, '난징 국민정부'에 대해 긍정적인 평가를 내렸다. 그리고 멜리크세토프가 마르크스주의자이며 또한 소련의 학자라는 사실이 '난징 국민정부'에 대한 긍정적인 평가에 큰 설득력을 주었다.

멜리크세토프가 마르크스주의자가 아닌 자본주의 국가의 사람, 가령 미국인이었다면 마르크스주의의 강한 영향 아래에 있던 일본의 중국 연구자들에게 그대로 정당하게 받아들여졌을지는 의문이다. 게다가 당시 문화대혁명으로 대혼란에 빠져 있던 중국 대륙과는 대조적으로 1970년대부터 국민정부가 타이완에서 경제발전을 시작한 사실이, 과거의 국민정부에 대해 긍정적인 평가를 내리는 것을 촉진했다.

장제스에 의한 중국통일을 향한 길

분열해 있던 국민당은 1928년 2월 당 내부를 다시 통일하고, 장제스를 총사령관으로 하여 북벌을 재개했으며 6월에는 베이징을 점령했다. 베이징은 즉각 베이핑(北平)으로 개명되었고, 8월에 쑨원의 「건국대강」에 기초한 훈정기의 개시와 오원(五院)[11]으로 구성되는 국민정부의 조

---

10 일본에서는 1975년에 아시아경제연구소의 '소내 자료'로 번역되었다. 나카지마 다이치(中嶌太一) 옮김.

11 입법원, 행정원, 사법원, 고시원(考試院), 감찰원을 지칭한다. 국민당의 주요

직기구가 결정되었다. 10월에 훈정강령「국민정부 조직법」이 제정되었고 국민정부 주석에는 장제스가 취임한다. 그리고 12월에 만주의 장쉐량(張學良)도 국민정부의 국기인 청천백일만지홍기(青天白日滿地紅旗)를 내걸었다[기존에는 신해혁명 이후에 제정된 중화민국 깃발인 오색기(五色旗)를 게양했음]. 이리하여 1928년에 '난징 국민정부'의 권위가 명목상으로는 전국에 미치게 되었다.

그렇지만 1928년 4월에 북벌 도중이었던 국민혁명군과 거류민 보호를 명목으로 파견된 일본군이 산둥성의 지난(濟南)에서 충돌하면서, 만주를 포함한 중국 북부 지역에 이권을 지니고 있던 일본과 국민정부 간의 대립이 표면화되었다. 이러한 대립은 결국 국민정부의 경제건설에 최대 걸림돌이 된다.

'난징 국민정부'의 경제건설은 잇달아 추진되고 있었다. 1928년 6월에 상하이에서 국민정부가 주최하고 각계의 자본가 대표들이 참가하는 경제회의가 개최되었다. 그리고 국민정부 재정부장 쑹쯔원의 주도 아래 관세 자주, 이금(釐金, 물자이동에 부과되는 국내세) 폐지, 금융의 안정과 통일, 운수의 부활, 중앙은행의 설립 등이 결의되었다. 이어서 11월에 중앙은행이 설립되고 쑹쯔원이 총재에 취임했다. 또한 12월에 자주관세율이 공포되었고 이듬해 1929년 2월부터 실시되었다.

'난징 국민정부'는 이미 1928년 7월에 미국으로부터 관세자주권을 회복했는데, 그 이후 독일, 영국, 프랑스 등 11개국과의 사이에서도 관세자주권을 회복했다. 1930년 5월에는 저항을 계속했던 일본에 대해

정부기구였다. — 옮긴이 주

서도 관세자주권을 회복했다. 관세자주권의 회복으로 자국 산업이 보호되고 관세수입이 안정적으로 증대되어, 중앙은행의 외화준비고가 높아지고 국내금융의 통일이 추진되었다. 같은 해 5월에는 이금도 폐지되었다.

국가자본주의의 확립을 목표로 한 '난징 국민정부'의 중심에는 장제스가 있었다. 장제스는 황푸군관학교 이래의 직계 군사력과, CC파[12]와 남의사(藍衣社)라고 하는 정보·정치공작에 종사하는 친위대 그룹, 이에 더해 차이위안페이(蔡元培)와 다이지타오(戴季陶) 등 국민당 내 원로파의 지지를 얻었고, 경제적으로는 저장(浙江) 재벌[13]의 풍부한 자금력을 바탕으로 중앙집권화를 추진하고자 했다.

1930년대에만 해도 '난징 국민정부'의 실질적 영향력은 양쯔강 유역의 장시, 저장, 장쑤(江蘇) 등의 몇몇 성에만 미치고 있었다. 중국 전역에는 군인들이 국민당 정치분회(政治分會)를 조직해 지방할거의 양상을 보이고 있었다. 펑위샹은 허난성의 카이펑(開封)에, 옌시산(閻錫山)은 산시성의 타이위안(太原)에, 리쭝런(李宗仁)은 후베이성의 우한(武漢)에, 리지선(李濟深)은 광둥성의 광저우에 각각 정치분회를 조직해 징세권을 행사하고 병력을 양성하고 있었다. 이 밖에 베이핑에도 동맹회 이래 국민당 사람인 장지를 주석으로 하는 '임시 정치분회'가 설립되어 있었다.

---

12 'Central Club(中央俱樂部, 중앙구락부)'의 약칭으로 천궈푸(陳果夫), 천리푸(陳立夫) 형제가 중심이 되어 만든 장제스 휘하의 특무기관이다. 남의사와는 달리 민간인 출신이 주가 된 기관이었다. — 옮긴이 주

13 상하이를 본거지로 하는 금융업자와 실업가의 총칭으로, 저장성과 장쑤성 출신자가 중심을 이루었다.

또한 난징의 국민당 내부에서는 왕징웨이와 천궁보(陳公博)를 중심으로 개조파라는 그룹이 형성되어 당내 민주와 민중의 정치참여를 내걸고 장제스 독재에 의한 중앙집권화에 반대하고 있었다.

이 밖에 1924년 국공합작에 즈음해 반공을 외치고 분파활동을 벌였던 셰츠(謝持)와 쩌우루(鄒魯) 등의 '시산(西山) 회의파', 왕징웨이와 나란히 고참 당원으로서 광둥성을 지역기반으로 하는 후한민(胡漢民)과 쑨커(孫科, 쑨원의 장남) 등에 의한 파벌이 존재했다. 이 사람들은 군부의 각 세력과 엮여 장제스에 대항한다.

격화되는 국민정부의 내분

장제스의 중앙집권화는 각지의 정치분회가 소유하고 있던 병력을 삭감시키는 것부터 시작했다. 당시 국가수입의 80% 이상이 군사비로 사용되었고, 200만 명이 넘는 병사들이 양성되고 있었다.

국민정부는 1929년 1월에 군대를 정리하는 '국군편견(國軍編遣) 회의'를 개최해 병사의 총규모는 80만 명으로 하고 군사비는 국가예산의 41% 아래로 억제할 것을 결정했다. 이에 더해 3월에 열린 국민당 제3차 당대회에서 정치분회의 폐지를 결의했다. 그리고 병력의 삭감은 장비와 훈련이 뒤떨어지는 부대부터 착수되었기 때문에 장제스의 정예부대는 온존되었다. 그 결과 중앙집권화를 둘러싼 장제스와 국민정부 내부 각파 간의 군사 항쟁이 1929년 2월부터 1932년 1월까지 전개된다.

군인들이 외친 반(反)장제스 슬로건은 주로 군대 개편에서의 불평등을 그 내용으로 했다. 또한 왕징웨이, 후한민, 쑨커 등 문인 정치가는 쑨원의 「건국대강」(78쪽 참조)에 규정된 '훈정'을 방패 삼아 장제스의 독재에 반대했다. 그리고 국민정부의 권력을 국민당 외부 인사에게도 개방하고 「건국대강」에서 정한 '헌정'의 실현을 장제스에게 요구했다.

국민정부 내부의 장제스와 각파 간 항쟁에서는 장제스가 승리를 거두었지만, 1930년 9월에 반(反)장제스 파들이 연합하여 베이핑에 다른 '국민정부'를 조직할 즈음에는, 5월부터 시작되었던 난징 측과 베이징 측의 대격전[일명 중원대전(中原大戰)]으로 약 30만 명의 사상자가 나왔다. 그러나 만주의 장쉐량이 난징 측에 지지를 밝혔기 때문에 베이핑의 '국민정부'는 순식간에 붕괴되었다. 그리고 이것으로 권력의 기초를 굳힌 장제스는 소비에트구에 대한 제1차 공격을 12월에 개시한다.

장제스는 독재에 대한 비판을 피하기 위해 국민회의를 개최하여 국민정부 주석에 군사와 행정에 관한 막대한 권한을 주는 「훈정시기 약법」 제정을 계획했다. 그리고 1930년 10월 직능단체 대표와 화교 대표에 의한 국민회의 개최를 제창하고 이듬해 5월 개최가 결정된다. 그렇지만 입법원장인 후한민은 개최에 동의하지 않았고 이에 따라 장제스는 후한민을 감금한다.

그 이후 국민회의는 예정대로 개최되어 「훈정시기 약법」이 채택되었고 장제스는 국민정부 주석과 행정원장에 유임되었다. 이에 반발한 왕징웨이, 쑨커, 리쭝런 등은 별도의 '국민정부'를 광저우에 조직했다. 그러나 1931년 9월에 만주사태가 발발했기 때문에 난징과 광저우의 대립은 수습되었고, 10월에 후한민이 석방되었다.

그 이후 장제스, 왕징웨이, 후한민 삼자가 회담한 결과, 린썬(林森)을 명목상의 국민정부 주석으로 하고 쑨커를 행정원장으로 하는 새로운 체제의 국민정부가 1932년 1월 난징에서 시작되었다. 장제스는 직무에서 사임했지만, 쑨커가 이끄는 국민정부에서 재정부장인 쑹쯔원이 사직했고 저장 재벌도 지지를 표명하지 않았다. 그 결과 행정원장인 쑨커는 취임한 지 얼마 되지 않은 1월 28일에 사임하게 된다(같은 날 심야에 상하이 사변이 발발). 신임 행정원장에 왕징웨이가 취임했고, 3월에 장제스가 군사위원회 위원장으로 복귀해 군권을 장악했으며, 왕징웨이와 장제스가 연합하면서 (국민정부에서) 후한민은 배제되었다.

그러나 정권으로부터 배제된 후한민은 광둥성을 기반으로 국민당 서남집행부(西南執行部)를 조직하여 난징정부에 대항했다. 또한 쑨커도 상하이에서 반(反)장제스 언론 활동을 전개했다.

이처럼 만성적으로 이어진 국민정부 내부 각파의 항쟁은 국민정부의 소비에트구에 대한 공격을 약화시키고 있었다. 그리고 한 차례 세력이 꺾였던 공산당은 세력의 만회를 위해 국민정부 내부의 대립을 교묘하게 이용한다.

항일민족 통일전선의 성립과 제2차 국공합작

내전을 계속하고 있던 '난징 국민정부'와 공산당 소비에트 정권은 이후 표면상으로는 전투를 중지하고 일본의 침략에 대항하는 민족통일전선을 구축한다. 통일전선을 야기한 최대 요인은 코민테른의 새로운 정책이었다.

나치 독일이 출현하면서 유럽에서는 파시즘이 대두되고, 일본은 화북(華北) 지역을 침략하자 코민테른은 이 모든 것이 소련에 대한 공격으로 발전할 가능성에 위협을 느끼고 있었다. 그래서 이에 대처하기 위해 1935년 여름 코민테른 제7차 대회에서 반(反)파시즘 통일전선의 구축을 결의한 것이다. 이에 따라 각국의 공산당원은 계급투쟁을 일시적으로 중단하고 독일, 일본, 이탈리아의 소련에 대한 위협을 감소시키는 역할을 맡게 된다. 이는 각국 공산당의 활동이 소련의 이해와 직결되어 있었다는 것을 보여준다.

코민테른의 결의를 전해 받은 모스크바 주재 중국공산당 대표 왕밍은 1935년 8월 1일에 중화소비에트공화국 정부와 중국공산당 중앙의 이름으로 「항일구국을 위해 전체 동포에게 고하는 글(爲抗日救國告全體同胞書, 8·1 선언)」을 발표해 통일된 정부의 수립을 호소했다. 그러나 이 호소는 장제스 등의 국민정부 지도자들을 매국노로 취급하고 있었기 때문에, 그 상태로 국공합작과 통일전선을 구축하는 것은 불가능했다.

한편 먼저 공산당을 박멸하고 국내를 안정시킨 다음에 외부의 적인 일본을 격퇴한다는, 국민정부가 주장하던 안내양외(安內攘外) 정책도 이에 따라 막다른 길에 내몰리고 있었다.

국민정부는 1935년 11월 4일에 영국의 협력을 얻어 '화폐 제도[幣制]' 개혁을 단행하고 국민정부의 '법정 화폐[法幣]'를 전국에 통용시키려고 했다. 각국의 은행이 준비화폐로 보유하는 은을 제출하게 하고, 그것을 국민정부가 지정한 지폐와 교환하도록 만든 것이다. 상태가 좋은 은을 강탈하기 위한 수단이었다고도 할 수 있다.

이러한 화폐 제도 개혁은 1932년 성립된 만주국을 기반으로 화북 지역을 향해 경제적 진출을 강화하고 있던 일본에 대한 중대한 도전이 되었다. 그 결과 일본은 화북을 분리하려는 공작을 노골적으로 전개했고, 1935년 11월 25일에 괴뢰정권인 '지둥(冀東) 방공자치정부'를 수립하고 중화민국으로부터 분리시켜 독립하게 만들었다.

이러한 사태와 관련하여 1935년 12월 9일 베이핑에서 학생들을 중심으로 격렬한 시위가 벌어졌고, 시위 참여자들은 항일투쟁과 국공내전의 중단을 호소했다. 그 이후 중국 각지에서 항일구국을 요구하는 단체가 출현했고, 1936년 5월에 여러 단체가 연합하여 상하이에 '전국각계 구국연합회(全國各界救國連合會)'가 성립되었다.

이와 같은 상황 때문에 장제스도 일본과의 충돌은 어쩔 수 없다는 생각을 하고 있었다. 장제스는 1935년 11월의 국민당 제5차 당대회에서 "평화를 위한 노력을 계속하지만 '최후의 갈림길'에 도달한다면"이라고 말해 항일의 각오를 보이고 있었다. 이어서 같은 해 12월 말 오스트리아의 빈에서 소련 정부와 접촉해 항일 원조를 타진하기 시작했다.

한편 공산당은 1936년 2월에 항일을 슬로건으로 산시성(陝西省) 북부에서 산시성(山西省)에 침입해, 일본군과의 대치하여 전선이 있는 화북으로 향했다. 그렇지만 산시성(山西省)을 지배하고 있던 옌시산이 장제스에게 원군을 요청하면서, 홍군은 3월 말에 격퇴되었다.

하지만 홍군의 행동은, 일본군의 침입으로 만주에서 쫓겨나 산시성(陝西省)의 홍군을 포위하고 있던 장쉐량의 동북군과, 그리고 홍군을 계속 포위하면서도 일본의 화북 지역 침입으로 자신의 지역 기반에 위협을 느끼고 있던 양후청(楊虎城)의 서북군에게, 공산당이 주장하는 내전의 정지와 일치된 항일의 중요성을 호소했다. 그 결과 쌍방 사이에 사실상 정전상태가 만들어진다.

그리고 아마도 이 무렵 공산당은 소련 측으로부터 장제스를 포함하는 통일전선을 수립하라는 지령을 받은 것으로 보인다. 1936년 5월 5일, 공산당은 중화소비에트공화국 중앙정부의 마오쩌둥, 그리고 혁명군사위원회 주석 주더의 이름으로, 국민당 측에 1개월 이내의 정전과 일치된 항일을 호소하는 통전(通電, 전국의 언론매체에 통지하는 전보)을 보내면서 처음으로 '장제스 씨'라고 불렀다.

그 후 상하이에서 공산당 측의 판한넨(潘漢年)과 국민당 측의 천리푸(陳立夫) 사이에 정전에 대한 협의가 진행되고 있었는데, 이때 공산당의 저우언라이와 동북군의 장쉐량 사이에도 협의가 진행되고 있었다.

그러나 장제스는 표면적으로는 안내양외의 방침을 포기하지 않았고, 1936년 11월에 전국각계 구국연합회의 간부 7명을 체포했다. 그리고 홍군과 휴전상태에 있던 동북군과 서북군을 격려하기 위해, 12월에 산시성(陝西省)의 시안으로 갔다.

그런데 1936년 12월 12일에 양후청의 서북군과 장쉐량의 동북군이 장제스를 감금하고, 내전의 중단과 일치된 항일의 실현을 촉구했다. 이른바 '시안 사건'이다. 그리고 이후 시안에서 장제스, 장쉐량, 저우언라이를 중심으로 내전의 중단과 일치된 항일에 대한 협의가 이루어진다.

3. 중일전쟁과 중국통일을 둘러싼 공방

국내통일의 촉진, 국제적 지위의 향상

항일민족 통일전선으로서의 제2차 국공합작은 1937년 7월 7일 중일 양국 군의 충돌로 단숨에 추진되었다. 공산당은 9월 삼민주의의 실현을 위해 노력하고, 국민당의 지도를 기반으로 항일전쟁을 치른다고 확인하는 선언을 발표했다. 홍군은 국민정부군(국민혁명군)에 편입되어, 팔로군(八路軍) 혹은 신사군(新四軍)으로 개칭되었고 국민정부로부터 급료를 지급받았다. 공산당의 소비에트구도 변구(邊區)로 이름을 바꾸었으며, 지주에 대한 토지몰수는 중지되었고 소작료를 경감하는 것으로 변화되었다.

국민당의 정치주도권이 승인되어 중국 국내통일이 촉진되었다. 국민당은 1938년 3월에 항일전쟁을 완수하겠다는 방침을 밝히는 「항전 건국강령」을 작성하고, 7월에는 장제스를 의장으로 공산당과 각 정치 당파 세력들이 참가하는 국민참정회를 조직했다. 이 기구는 1948년 3월까지 최고 민의기구의 역할을 한다.

그 이후 1941년 12월 태평양전쟁이 일어나면서, 중국은 영국과 미국을 중심으로 하는 연합군의 일원이 되어 이들과 함께 일본과 싸운다.

진주만 공격 이튿날인 1941년 12월 9일, '충칭 국민정부'는 이전까지 선전포고 없이 진행했던 전투에서 선회해 일본에 선전포고를 했다. 그 결과 중일전쟁에서 중화민국의 승리가 보장되었고 중화민국의 국제적 지위도 단번에 향상된다. 장제스는 연합국 '중국 전구(戰區)' 최고사령관에 임명되어, 중국뿐만 아니라 타이와 베트남의 연합군 부대도 지휘했다. 미국에서는 중국통인 조지프 스틸웰(Joseph Stilwell) 장군이 중국 전구 참모장으로 파견된다.

1943년 국민정부는 미국과 영국에 대한 불평등조약을 철폐했고, 치외법권과 조계 또한 소멸했다. 이것은 1940년 난징에 성립해 있던 친일(親日) 왕징웨이 정권에 대해 일본정부가 1943년에 이행한 조치에 대한 대항책이었다. 이에 더해 같은 해 11월에 장제스는 프랭클린 루스벨트(Franklin Roosevelt), 윈스턴 처칠(Winston Churchill)과의 삼자회담인 카이로 회담에 참가해, 일본이 항복한 이후 만주와 타이완을 중화민국에 반환할 것을 약속받았다.

일련의 상황은 중국의 국제적 지위를 크게 높였다. 그리고 이 연장선에서, 제2차 세계대전이 종료된 이후 유엔 안전보장이사회의 상임이사국이라는 국제무대에서의 큰 역할이 중국에 약속되었다. 이러한 공적(功績)은 장제스의 통솔 아래 있는 국민정부에게 돌아갔어야 했지만, 국공내전에서 승리한 공산당이 국민정부의 공적을 이어받는다.

항일의 주역은 마오쩌둥인가

중국이 중일전쟁에서 싸워나갈 수 있던 이유는 마오쩌둥의 「지구전론(論持久戰)」(1938)에 기반을 둔 게릴라 전략 덕분이 아니었다. 장제스는 이미 1933년에 난창에서의 군사정리회의에서 지구전 전략을 언급하며 다음과 같이 말했다.

> 우리가 하나의 전선만으로 일본과 승부를 결정짓겠다는 계획을 채택하게 되면, …… 한번 무너지면 다시 일어나기 어렵다. …… 일본이 우리의 제1선 부대를 무너뜨리면, 우리는 제2선, 제3선의 부대에서 이것을 보충한다. …… 일선 또 일선에 진지를 만들어 부단히 저항하고 조금도 게을러서는 안 된다. …… 만일 3년 혹은 5년 동안이라도 저항을 계속 하게 된다면, 국제적으로 반드시 새로운 발전이 있을 것이라고 생각한다. …… 이것이야말로 우리의 국가와 민족에게는 죽음 속에서 삶을 구하는 한 줄기 희망인 것이다.[14]

그리고 4년 후 시작된 중일 간의 전면전쟁은 장제스의 담화에 나타난 것과 같은 전개와 결말을 맞이한다.

일본군은 애초에 중국과의 전쟁을 확대할 의도가 없었다. 일본 육군의 가상적국은 소련이었고, 1937년 12월에 난징을 점령한 이후에도 참모본부는 전쟁을 확대하지 않겠다는 방침이었다. 그러나 난징이 함락된 후 어쩔 수 없이 발표한 고노에 후미마로(近衛文麿) 수상의 「장제스

---

14 奏孝儀 編, 『總統蔣公大事長編初稿』 二卷, 民國 22年 4月 12日條(台北, 1978).

정권을 상대로 하지 않는다」는 성명에 의해 교섭상대를 잃었고, 이듬해인 1938년 '쉬저우 회전(徐州會戰)' 이후 전쟁을 국지화시키는 방침은 포기된다.

장제스가 이끄는 국민정부의 지구전 전략은 일관되어 있었다. 정부기관을 난징, 우한, 충칭으로 이동시키고, '1선 또 1선에 진지를 쌓고 부단히 저항'했다. 그리고 태평양전쟁의 발발로 중국의 승리는 결정적이 된다. 공산당과 국민당 모두 일본을 공동의 적으로 삼았지만 국공간의 대립은 계속되고 있었기에, 쌍방 모두 전투력을 온존시키는 것을 도모했고 중일전쟁의 전선은 교착되고 있었다.

중일전쟁의 발발은 국민당 이름 아래의 중국 통일을 촉진했다. 그러나 공산당 역시 국민당의 지배 아래에 합법적으로 편입될 수 있었기 때문에, 민족통일전선의 주도권을 국민당과 다투는 지위를 손에 넣을 수 있었던 것이다.

일본군이 침공하면서 국민정부의 경제건설은 좌절된다. 국민정부의 경제, 정치, 군사의 기초는 도시였으며, 도시에 의해 농촌부를 통치했다. 만주사변 이래 '난징 국민정부'는 안내양외를 외치며 국내에서 고조되는 항일기운을 억압했고, 일본의 군사적 압박에 양보를 거듭했지만 이는 어쩔 수 없는 대책이었다. 전면전이 시작되고 도시가 일본군에 점령당하면 이제 막 실마리가 잡힌 경제건설과 국내통일이 아무것도 아닌 상태로 돌아가게 될 것이 분명했다.

이에 반해 공산당의 세력기반은 광대한 농촌 지역이었으며 행정기구는 간소하고 유연성이 풍부했다. 일본과의 전면전쟁이 시작되어도 공산당군은 국민정부의 정규군과는 달리 유격전을 할 것이며 손해도 적을 것으로 예상되었다. '적이 진격하면 나는 물러난다'를 신조로 하는 게릴라전은 적과 정면에서 싸우지 않고 자신의 세력을 온존시키는 것을 으뜸으로 삼는 전략이기 때문이다. 그리고 그만큼 주민이 적으로부터의 공격에 더 노출되어 있다는 점 또한 예상하기 어렵지 않다.

공산당의 정권획득에 기여한 중일전쟁

중일전쟁이 시작될 때까지 공산당은 옌안 일대에 고립되어 있었다. 그렇기 때문에 공산당의 관점에서 볼 때, 항일전쟁을 치르기 위해 국공내전의 중단을 주장하는 것은 국민당으로부터의 압력을 되받아칠 수 있는 절호의 슬로건이었다. 이에 따라 공산당은 중국에서 높아지고 있던 항일기운의 물마루[波頭]를 타고, 중국 서북부에서 점차 악화되고 있던 상태로부터 벗어나게 되었다. 민족의 존망을 책임지는 정치집단으로 변신해 중국정치의 중심이 될 수 있는 절호의 기회를 얻은 것이다.

공산당은 중일전쟁이 시작된 이후 일본군의 도시 점령에도 그 세력기반을 조금도 파괴당하지 않았고, 오히려 국민정부의 행정기관이 소멸한 뒤 일본에 점령당한 광대한 농촌 지역에 쉽게 침투할 수 있었던 것이다. 이리하여 공산당은 중일전쟁 개시 직전 점진적으로 악화되고 있던 상태에서 벗어났고, 8년 동안의 전쟁을 통해 인구 약 1억 명을 중심으로 하는 세력권을 만들어낸 것이다. 이는 일본의 항복 이후 재개된 국공내전에서 공산당이 승리하는 결정적인 요인이 되었다.

중일전쟁이 중국공산당의 권력장악에 미친 결정적 영향에 대해 마오쩌둥은 1961년에 방중한 일본사회당 국회의원들과의 대담에서 다음과 같이 말하고 있다.[15]

> 일본의 군벌은 일찍이 중국의 절반 이상을 점령하고 있었습니다. 이

때문에 중국 인민이 깨어날 수 있었습니다. 그렇지 않았다면 중국 인민은 자각도 하지 않았을 것이고 단결하지도 못했을 것입니다. 그리고 우리는 아직도 산속에 있을 것이고, 베이징에 와서 경극을 보는 일은 불가능했겠지요. 일본의 '황군'이 중국의 대부분을 점령하고 있었기 때문에 중국 인민에게는 다른 출로가 없었습니다. 그래서 자각하고 무장하기 시작한 것입니다. 많은 항일 근거지를 만들고, 그 후의 해방전쟁(일본 항복 이후의 국공내전)에 승리하기 위한 조건을 만들어냈습니다. 결과적으로 일본의 독점자본과 군벌은 '좋은 일'을 해주었습니다. 만약 감사할 필요가 있다면, 나는 오히려 일본의 군벌에 감사하고 싶습니다.

이와 같은 상황 속에서 공산당의 지배지역 확대를 둘러싼 국공 간의 긴장이 높아졌다. 마침내 1941년 1월에 장제스의 이동명령을 위반하고 세력의 확대를 노린 것을 이유로, 공산당의 팔로군(신사군)이 국민정부군의 포위공격을 받아 괴멸하는 사건이 발생했다. 그리고 이를 계기로 국민정부에서 공산당에 지급하던 보조금이 중단되고, 국민정부군은 산시성(陝西省)의 옌안을 중심으로 하는 공산당의 근거지 일대를 경제적으로 봉쇄했다. 이에 대해 공산당은 군대를 생산활동에 대대적으로 동원하여 근거지를 유지했다.

중일전쟁 와중에 중국에서는 일본이 패전한 이후 국민당과 공산당 중 어느 쪽이 국내정치의 주도권을 잡을 것인가를 둘러싸고 치열한 싸움이 펼쳐지고 있었다. 그리고 국민당이 기존의 정치노선을 계승함으

15 外務省アジア局中國課 監修, 『日中關係基本資料集, 1949~1969』(霞山會, 1970), 資料70〈「毛澤東主席の黑田壽男社會黨議員等に対する談話」 1961年 1月 24日〉.

로써 세력을 유지하려고 한 반면, 공산당은 새로운 '정치이론'과 '사회적 기초'를 구축하여 국민당에 대항하려 했다.

신민주주의론

「신민주주의론」은 마오쩌둥의 이름으로 1940년에 발표된 새로운 민주주의 혁명 이론이다. 공산당이 제2차 국공합작을 실현하기 위해 발표한 1937년 9월 선언에서는 국민당의 지도에 따라 항일전쟁을 수행하고 삼민주의의 실현을 위해 분투한다고 기술하고 있었다. 따라서 이대로라면 국민당의 정치이론에 종속되는 것을 의미하기 때문에, 삼민주의에 대한 새로운 해석을 통해 공산당이라는 신(新)정치세력에 적극적인 의미를 부여할 필요가 있었다. 이 작업은 이미 1936년 중에 개시되고 있었는데 결국 「신민주주의론」의 출현에 의해 완성된다.

「신민주주의론」은 교묘한 정치이론이었다. 국민당의 정치원리인 쑨원의 삼민주의를 신구(新舊) 두 개의 삼민주의로 나누고, 장제스 등 국민당 지도부는 낡은 삼민주의에 머무르는 존재에 지나지 않으며 공산당이야말로 쑨원의 새로운 삼민주의를 계승하고 발전시킨 존재라고 주장했다.

「신민주주의론」은 청조 말기 이래 중국의 역사와 러시아 혁명 이후 세계사의 동향을 마르크스주의를 기초로 분석하고 있다. 이에 따르면 중국은 1919년 5·4운동을 계기로 '신민주주의 혁명기(새로운 민주주의 혁명의 시기)'에 진입했으며, 중국혁명의 지도세력도 민족 부르주아지(국민당이 대표)로부터 프롤레타리아(공산당이 대표)에게로 이행되었다고 주장한다.

그리고 국공내전 중에 쑨원에 대해 비판적 자세를 취했던 것과 달리 쑨원을 새로운 역사단계를 향한 가교 역할을 한 인물로 규정하며 적극적으로 평가했다. 즉, 쑨원은 소련과의 연대, 공산당원과의 협력, 농민과 노동자에 대한 원조라는 '3대 정책'을 기초로 제1차 국공합작을 결의했는데, 이것은 기존의 정치주장인 '구(舊)삼민주의'에서 신민주주의 혁명기의 '신(新)삼민주의'로 이행한 결과였다는 것이다.

쑨원이 「건국대강」에 기초한 국가건설을 주장하고 계급투쟁을 부정한 사실을 생각해보면 「신민주주의론」의 '삼민주의'에 대한 해석은 무리가 있다. 삼민주의를 신구로 나누어 쑨원을 자기 마음대로 해석할 수 있는 존재로 만들고자 하는 공산당의 「신민주주의론」에 대해, 장제스는 1943년에 출간한 『중국의 명운(命運)』에서 삼민주의는 쑨원이 청조 말기에 확립한 이래 불변했고, 국민당만이 일관되게 혁명의 지도세력이며 앞으로도 새로운 국가의 핵심이 되어야 한다고 반박하고 있다.

그렇지만 공산당은 「신민주주의론」에서 자신들이 19세기 말부터 시작된 중국 혁명운동의 '정통성'을 계승한 존재라고 주장했다. 그리고 이를 통해 사회주의 혁명에 반드시 동의하지는 않지만 국민당의 일당독재에는 반대하는 지식인을 중심으로 하는 제3세력의 지지를 획득하고, 국민당 내의 반(反)장제스파를 자기편으로 만드는 이론적 기반을 확립했다.

공산당은 이후 「신민주주의론」을 내걸어 국민당과의 내전에서 승리하고 중화인민공화국을 수립한다. 그 결과 「신민주주의론」은 막강한 정치권력에 의해 뒷받침되는 정통 역사이론의 지위를 획득한다. 그리고 중화인민공화국뿐만 아니라 마르크스주의가 사회 전반에 큰 영향력을 발휘하고 있던 전후 일본 등에서 「신민주주의론」은 중국 근현대사 연구를 위한 일종의 '공리(公理)'가 된다.

공산당이 차지한 제3세력의 '민주적' 색채

공산당은 「신민주주의론」을 실천하기 위한 사회적 기반을 확대하고 있었다. 국민당에도 공산당에도 속하지 않는 제3세력의 각 정치 당파에 접근해 협력관계를 수립한 것이다. 그리고 이러한 공산당의 통일전선 전술에 기초한 협력관계가 국민당을 고립시키고, 향후 도래할 중화인민공화국의 건설에 '민주적'인 색채를 더한다.

제3세력의 각 정치 당파는 이미 1936년 5월 상하이에서 '전국각계구국연합회'를 조직하고, 국공내전과 국내 각파의 군사충돌 중지, 정치범 석방, 언론·집회·결사의 자유, 통일적 항일정권의 수립을 내용으로 하는 선언을 발표하며 제2차 국공합작을 측면 지원하고 있었다. 1937년 9월에 제2차 국공합작이 성립되면서 제3세력의 각 정치 당파는 공산당과 함께 장제스를 의장으로 하는 국민참정회(1938년 3월에 설치됨)에 참가한다. 그리고 1939년 9월의 제4차 회의에서 국민당 독재의 조기 철폐와 헌정의 실시를 요구했다. 이에 대해 국민당은 1940년 11월을 기하여 국민대회를 열어 헌법을 제정하기로 약속했다.

이상의 상황을 배경으로 제3세력이 대동단결하여 1941년 3월에 민주정단동맹(民主政團同盟)이 결성되었다. 그리고 1944년 9월에 민주동맹(民主同盟)으로 이름을 바꾼다.

격화하는 국공 간의 대립은 공산당의 민주동맹에 대한 접근을 강화시켰다. 그 결과 양자 사이에 △정보와 자료를 교환한다, △민주동맹은 단독으로 국민당과 타협하지 않는다, △민주동맹은 공산당의 주장 가운데 지지할 수 있는 것은 적극적으로 지지한다 등의 약속이 맺어졌으며, 공산당이 민주동맹에 많은 자금을 원조한 것으로 알려져 있다. 이 사이 전시(戰時) 경제통제를 둘러싸고 발생했던 국민당 내부의 부정부패와, 항일전쟁 중 국민정부의 기반이었던 윈난성(雲南省)과 쓰촨성(충칭은 성 내의 도시)의 지방 재정수입을 국민당 중앙이 과도하게 흡수하려 한 것에 지방 주민들이 반발하면서 민주동맹은 그 지지층을 계속 확대했다.

이와 같은 상황을 배경으로 마오쩌둥은 1945년 중국공산당 제7차 전국대표대회 정치보고에서 「연합정부론」을 발표해 '각당 각파(各黨各派)'로 구성된 임시 민주연합정부의 수립을 제안하고, 항일전쟁의 승리 이후 정식으로 민주연합정부를 수립하여 새로운 중국을 건설하자는 정치방침을 제기했다. 그리고 공산당은 화전(和戰)을 함께 구사하는 자세로 일본이 패전한 이후 국민당과의 대결에 대비했다.

충칭회담과 정치협상회의의 개최

1945년 8월 15일 일본이 항복하면서 9월 3일부터 10월 11일까지 국민정부 소재지인 충칭에서 국민당과 공산당 간의 교섭이 진행되었다. 중심 의제는 급속히 확대되고 있던 공산당 지배지구와 공산당군의 처우 문제였으며 주중 미국 대사 패트릭 헐리(Patrick Hurley)가 중재했다. 헐리는 비행기로 옌안에서부터 마오쩌둥과 동행하고 있었다.

중일전쟁 중에 미국은 국민당에 군사를 원조했지만 전후에는 국공내전을 회피하려고 노력했다. 마셜 플랜(Marshall Plan, 제2차 세계대전 이후 1947년부터 1951년까지 미국이 서유럽 16개 국에 취한 대외원조계획)에 의한 유럽의 부흥이 가장 중요했던 미국의 입장에서는 극동 지역에서의 세력균형이 필요했다. 미국은 국민당과 공산당 모두 상대를 군사적으로 소멸시키는 것은 불가능하며, 중국 국민들 대다수는 내전의 회피를 바란다고 관측하고 있었다. 그 결과, 미국은 내전의 회피와 연합정권의 실현을 목표로 삼는다.

항쟁의 당사자인 국민당과 공산당 모두, 선제공격을 가할 경우 평화의 파괴자로서 국민의 신망을 잃어버리게 되는 상황이었다. 그렇기 때문에 국공 양당은 국민의 강력한 요청을 받아들이는 형태로 미국이 중재하는 평화교섭을 거듭했지만, 결과는 사태를 연장시키기만 할 뿐이었다. 미국은 국공 간의 군사충돌을 확대시키지 않기 위해 여러 가지 방책을 추진했지만 최종적으로 국민당을 포기한다.

1개월 이상 계속된 충칭회담에서 마오쩌둥과 장제스 사이에 9차례의 직접회담이 이루어졌다. 그리고 10월 10일에 「쌍십협정」(쌍십은 10월 10일의 두 개의 십을 나타냄)이 발표되었다. 그러나 합의에 이른 것은 각 당파가 참가하는 정치협상회의를 신속히 개최하는 것뿐이었다. 중요한 쟁점인 공산당 지배지구와 공산당군의 처우에 대해서는 국민정부의 주도 아래 문제를 처리하고자 하는 국민당의 주장과 현상유지를 추구하는 공산당의 주장이 함께 기록은 되어 있었으나, 해결책은 제시되어 있지 않았다.

그리고 충칭회담 중에도 국공 쌍방은 일본이 패퇴한 이후에 만주의 지배권을 확립하기 위해 군대를 만주 지역으로 계속 이동시키고 있었으며, 10월 하순부터 쌍방 간의 군사적 충돌이 시작된다. 이러한 군사적 충돌은 헐리를 대신해 해리 트루먼(Harry Truman) 대통령의 특사로 파견된 조지 마셜(George Marshall)이 중재했는데, 1946년 1월 10일에 베이징에서 정전협정이 성립했고 13일부터 정전이 실행되었다.

이 사이 민주동맹은 1945년 10월에 충칭에서 임시대회를 개최했고, 각 당파가 참여하는 정치회의에서 내전의 회피, 연합정부의 수립, 국민회의 개최에 의한 헌법의 제정, 국민당 일당독재의 중지를 결의했다.

이런 배경으로 국민당 8명, 공산당 7명, 중국청년당 5명, 무당파 9명, 민주동맹 9명 등 총 38명의 대표가 참가하는 정치협상회의가 1946년 1월 10일부터 31일까지 충칭에서 개최되었다.

정치협상회의에서는 국가가 군대를 일원적으로 관리하는 '군대의 국가화'에 대한 국공 간의 합의가 이루어졌고 마셜, 장췬(張群), 저우언라이로 구성된 '3인 위원회'가 구체적 방안을 검토하게 되었다. 또한 '정치의 민주화'를 위해 최고국무기관인 국민정부위원회의 위원 수를 40명으로 증원했고 이 중 20명은 국민당에, 그리고 나머지 20명은 각 당에 배분했다(각 당에 대한 개별적 배분 수는 협의하여 정함). 이에 더해 1946년 5월 5일에 헌법을 제정하는 국민대회의 소집이 결정되었다.

'군대의 국가화'에 대해서 1946년 2월 25일에 '3인 위원회'가 다음과 같은 합의에 도달했다. △1년 6개월 후에 육군을 64개 사단으로 재편하고, 공산당은 10개 사단을 보유한다. △국민정부 주석이 군의 최고통수권자로서 개편 시 장교[士官]의 임명권을 가지지만, 공산당 부대의 개편에서는 공산당이 지명한 장교를 임명한다.

국공 쌍방의 군이 재편된 이후 보유하는 사단 수를 볼 때, 그 당시의 병력규모 차이가 5 대 1이었다는 사실을 짐작할 수 있다. 공산당은 명백히 열세였고, 장제스가 내전의 승리를 낙관한 것도 전혀 이유가 없던 것은 아니었다.

그러나 일련의 결정은 국공내전을 막으려는 미국의 입장과, 전쟁을 원하지 않는 민중의 분위기를 고려한 국공 양당에 의한 전쟁 지연 계책에 지나지 않았다.

국민정부 위원의 각 당파에 대한 개별적 배분 수를 살펴보면, 국민당은 정치협상회의에서 공산당 5명, 중국청년당 5명, 무당파 5명, 민주동맹 5명을 제시했다. 그러나 공산당은 거부권 행사에 필요한 3분의 1의 위원 수를 확보하기 위해 공산당과 민주동맹의 합계 배분 수를 14명으로 할 것을 제안했다. 민주동맹도 공산당의 제안을 지지했으나 결국 타협이 이루어지지 않은 채 1946년 7월에 국공 전면내전이 개시되었다.

국공내전의 전면화

이미 만주에서는 1946년 3월부터, 국공 양군이 철도 거점 지역인 쓰핑제(四平街)의 지배를 둘러싼 전투를 개시하고 있었다. 이 전투는 마셜의 중재로 6월 6일부터 13일까지 정전 상태였다. 그러나 7월에 국민정부가 전면 공격을 개시해 만주와 산둥성에서 대규모 내전이 시작되었고 내전 이후 공산당군은 '인민해방군'을 자칭했다.

전면 내전이 개시된 초기 1년간은 병력에서 앞서는 국민정부군이 우세해 공산당 지배지역을 차례대로 점령했으며, 1947년 3월에는 공산당의 거점인 옌안까지 점령하게 되었다. 그러나 그해 여름부터 인민해방군이 반격하게 되고, 1948년부터 1949년 사이에 국공의 대립은 군사적으로 완전히 결말이 났다.

이 사이 공산당과 민주동맹은 참가하지 않은 채로 국민당 단독의 국민대회가 1946년 11월 15일 난징에서 개최되었다. 그리고 12월 25일에 중화민국 헌법이 국민대회를 통과해 1947년 12월 25일부터 실시되었다.

국공내전의 승패를 결정한 것은 공산당이 지주의 토지를 몰수하고 빈농에 분배한 것 때문이라는 설이 있다. 토지를 얻은 빈농층이 공산당을 크게 지지한 것이 승패를 좌우했다는 것이다.

분명히 공산당은 국공내전 개시 직후인 1946년 5월 4일에 토지문제에 관한 새로운 지시를 발표했다. 그러나 그것은 소작료의 감면이 중심인, 기본적으로 항일전쟁 중의 정책을 답습하는 내용이었다. 토지 몰수는 극히 소수의 '대일(對日) 협력자'에 대해서만 행해졌으며, 유상으로 토지를 분배했기 때문에 지주의 반발도 피할 수 있었다. 아직 내전의 귀추가 불확실한 상황에서 지주의 토지를 일률적으로 몰수하면 지주층이 공산당을 적대시할 것이고, 이는 국민정부군에 유리한 일이 될 것이 명백했다.

공산당이 지주에 대한 토지몰수를 구체화한 것은 국민정부군보다 공산당 인민해방군이 군사적으로 우위에 서게 된 1947년 여름 이후였다. 1947년 10월에 공산당은 「중국토지법대강」을 기초로 지주의 토지를 일률적으로 몰수할 것을 결정했다. 그리고 그 이후에 공산당의 군사적 승리와 토지개혁이 동시에 병행되어 확대된 것이다.

이상의 사실을 통해, 국공내전의 승패를 결정한 다음과 같은 인과관계를 알 수 있다. 우선 열세였던 공산당군이 국민정부군에 군사적 우위를 차지했고, 이를 기초로 지주의 토지몰수를 추진하여 빈농층의 지지를 굳혔고, 최종적으로 국민정부군에 압도적 승리를 거둔 것이다. 처음부터 공산당에 대한 농민의 지지가 있었기 때문에 공산당군이 승리한 것은 아니었다. 열세인 공산당군이 국민정부군에 대해 군사적 우위를 차지할 수 있었던 이유는, 전략과 전술의 우열에서 찾을 수밖에 없다.

승패를 가른 전략: 감추어진 사회주의의 오점

전략상의 문제에서 간과할 수 없는 것은 내전의 귀추를 결정한 만주에서의 군사적 상황이다. 만주는 국공 양군이 도착하기 전에 이미 소련군에 의해 점령되어 있었다. 그리고 소련군은 국민정부군이 만주에 진주하는 속도를 늦추기 위해 노력했다. 그와 동시에 공산당군의 만주 도착을 기다려 점령 중인 도시를 그들에게 맡겼으며 일본군으로부터 접수한 무기를 공산당군에 제공했다. 이것이 공산당군이 전략적으로 우위에 서게 된 최대의 이유였다.

그렇지만 소련이 공산당을 전면적으로 지원할 의도는 없었다. 만주에서의 소련군의 움직임은, 소련이 이권의 회복을 꾀하는 만주 내에 국민정부군이 미국군의 도움을 빌려서 진주하는 것에의 항의이며, 최종적으로는 소련은 국민정부(공산당을 포함한)의 중국 지배를 받아들였다고 생각된다. 실제로 소련은 중일전쟁 중에 공산당보다 국민정부를 우선적으로 지원하고 있었으며, 일본이 패전하기 직전에는 중소우호동맹조약[16]을 맺어, 중국을 대표하는 정부로 국민정부를 승인하고 있었다.

그런데 예상을 뛰어넘는 전개가 펼쳐진 것이다. 그 결과 국공내전의 귀추가 결정되어 국민정부가 난징에서 광저우로 이동한 1949년 4월에 소련 대사는 국민정부의 이동에 동행한다.

필자의 생각을 덧붙여 말하면, 이오시프 스탈린(Iosif Stalin)과 장제스가 체결한 중소우호동맹조약에 대해, 일본의 교과서와 연구서가 다루지 않은 경우가 많은 것 같다. 중국공산당이 '인민의 적'이라고 고발한 장제스가 국공내전 중에 사회주의 조국인 소련과 우호관계에 있었다는 사실이 사회주의의 오점이 되기 때문일 것이다. 이 책의 제2장에서 지적한 1917년 러시아 혁명의 성공에 레닌과 '제정 독일'의 협력이 큰 영향을 주었다는 사실이 숨겨져 있는 것과 유사하다.

---

16 1945년 8월 14일 조인되고, 1950년 2월 실효(失效)되었다.

이 밖에도 만주 토착세력의 존재와 이에 대한 국공 양군의 대응의 차이를 고려해야만 한다. 이 논점은 구미의 연구에 자주 등장한다. 즉, 장제스가 국민정부의 지배를 확립하기 위해 만주의 토착 군사세력을 배제했기 때문에, 본래는 반공이었던 만주의 토착세력을 국민당의 지배 아래 유효하게 결집시키지 못했다는 것이다.

분명히 장제스는 항일전쟁이 승리한 후에도 '시안 사건(1936년)'으로 연금상태에 있던 장쉐량을 석방하지 않았고, 만주의 사정을 잘 모르는 직계의 군인을 공산당군과의 만주쟁탈전에 보냈다. 그리고 옛 만주 항일 군사세력의 지도자이며 협력을 약속한 마잔산(馬占山)을 국민정부군의 부사령관에 임명했지만 어떤 권한도 주지 않았다.

이에 반해 공산당군은 중소우호동맹조약 때문에 팔로군이라는 이름으로 만주에 진주하는 것에 제약을 받고는 있었지만, 소련군의 암묵적 지지를 이용해 인민자치군, 동북 민주연군, 인민자위군 등의 명칭으로 토착 군사세력들을 흡수하고 그 세력을 확대하고 있었다. 그리고 1947년 9월부터는 단번에 공격 태세로 전환해, 1948년 1월에는 당당히 동북 인민해방군을 자칭하게 된다. 이후 만주에서의 공산당군의 승리가 추동력이 되어, 중국 북부에서부터 도미노 현상처럼 국민정부군의 패배와 퇴각이 진행된다.

국민당을 단념한 미국

국민정부군의 전술상의 문제로는, 지휘계통이 통일되지 않고 병력을 분산시키고 있던 상황이 지적된다. 미국 측의 보고에 따르면, 이는 고급장교들의 낮은 수준의 작전 입안 능력과 용병의 능력 결여 때문이었다. 그리고 국민당 내부에서는 이전부터 진행되고 있던 파벌대립이 심화되어 장제스가 고립되기 시작했다. 1948년 1월에는 쑨원의 미망인인 쑹칭링(宋慶齡)을 명예주석으로 하는 국민당 혁명위원회가 홍콩에서 성립되어 장제스의 독재와 대립했다.

앞서 자세히 기술한 바와 같이, 국민당 측의 혼란에 비해 공산당 측에서는 1942년 5월부터 개시된 옌안에서의 정풍운동의 결과로, 정치지도와 군사지도에서 마오쩌둥의 일원지배가 확립되어 있었다. 보급선이 길어지고 병력을 분산시키고 있던 국민당군에 대해, 통일된 지휘계통에 기초한 공산당군은 1947년 여름을 기점으로 반격에 나선다.

이상의 사실을 통해 내전 1년 차에 공산당군이 국민정부군의 공세를 허용한 배경에는 다분히 전술적인 의도가 존재하고 있었다는 것을 알 수 있다. 적을 유인해 분산시키는 것이다. 공산당군은 1947년 여름에 만주에서 승기를 잡고 국민정부군에 대해 대공세로 전환한다. 그리고 1948년 4월에 옌안을 탈환한다.

전쟁은 한번 탄력이 붙으면 눈사태처럼 걷잡을 수 없게 된다. 1949년 1월에는 베이핑이 공산당군에 점령되고 장제스가 하야했다. 그리고 리쭝런이 대리총통에 취임하며, 4월 1일부터 최후의 평화교섭이 베이핑에서 이루어졌다.

그러나 장제스 등을 전범으로 지목하고 무조건 항복을 압박하는 공산당의 강화조건은 국민당이 수용할 수 있는 것이 아니었고, 결국 4월 하순에 교섭은 결렬되었다. 곧이어 전투가 재개되어 4월 23일에는 난징이, 5월 27일에는 상하이가 인민해방군을 자칭한 공산당군에 점령되었다. 그리고 미국 국무성은 8월에 「중국백서」를 발표하면서, 국민당을 단념했다.

이렇게 해서 10월 1일에 베이징을 수도로 공산당이 지배하는 중화인민공화국이 수립되었다. 장제스는 타이완으로 떠났고, 리쭝런은 미국으로 망명했다. 그리고 중국 남부에서 지속되던 국민당군의 조직적 저항도 1950년 3월에 종언을 고한다.

이 사이, 공산당에 접근해 내전 반대를 외쳤던 민주동맹은 미국을 방패로 국민당과 공산당 모두로부터 일정한 거리를 유지하려고 하고 있었다. 장제스를 포기하려던 미국 측에게도 공산당과 선을 긋는 제3세력을 육성할 의도가 존재했다.

그러나 이러한 상황은 일변한다. 국민당이 1947년 10월에 민주동맹을 비합법화함에 따라 홍콩으로 피난한 민주동맹의 간부들이 (머지않아 국민당 혁명위원회로 발전하는) 국민당 내 반(反)장제스파와 연합해, 1948년 1월의 제3차 중앙집행위원회 전체회의에서 장제스 반대뿐만 아니라 장제스를 원조하는 미국에도 반대할 것을 표명한 것이다.

공산당은 이 상황을 적극적으로 환영했다. 그리고 1948년 5월에는 민주동맹 등과 연합하여 민주연합정부 수립을 제안했다. 그 결과 국공내전이 결말을 향해가던 1949년 9월 21일부터 30일까지, 공산당이 주최하는 정치협상회의가 제3세력 '제파(諸派)'를 포함하여 베이징(당시는 베이핑)에서 개최되었다. 그리고 10월 1일에는 공산당이 지배하는 중화인민공화국이 수립되었다. 이후 민주동맹 등 제3세력의 '제파'는 '민주당파'가 된다. 그리고 새로운 국가체제는 1940년 마오쩌둥이 발표한 「신민주주의론」의 신민주주의에 기반을 두고 있었다.

제4장

행복해질 수 없는 중국인

1. 착취되는 농민

겉치레에 지나지 않았던 '민주주의'

중화인민공화국의 국가체제를 정한 것은 1949년 9월의 정치협상회의에서 채택된 「중화인민 정치협상회의의 공동강령」(이하 「공동강령」으로 약칭)이다. 민주동맹 대표의 한 사람으로서 정치협상회의에 참가한 저우징원(周鯨文)에 따르면, 「공동강령」은 공산당이 제출한 원안에 어법상의수정을 가한 것에 지나지 않았으며 만장일치로 채택되었다고 한다.

1954년 9월에 인민대표대회가 조직되어 헌법이 채택될 때까지 정치협상회의는 국회로, 「공동강령」은 헌법으로 기능했다. 그리고 정치협-상회 의만은 현재도 공산당과 민주당파와의 통일전선의 상징으로서, 정치협상회의의 전국위원회가 전국인민대표대회(전국인대)와 병행하여 베이징에서 개최되고 있다.

최초의 헌법이었던 「공동강령」(전체 7장 60조)의 제1조는, 중화인민공화국의 국가체제는 신민주주의, 즉 인민민주주의 국가이며 노동자계급이 지도하고, 노동자계급과 농민계급의 동맹을 기초로 하며, 각 민주계급과 국내 각 민족의 단결에 기반을 두고 있다고 규정했다. 이에 더해 제4조와 제5조에는, 인민에게는 법률에 근거한 선거권과 피선거권이 있으며 사상, 언론, 집회, 출판, 주거, 결사, 신앙, 시위의 자유가 있다고 명기되어 있다.

그러나 조문에 명시된 개인의 정치적 권리와 기본적 인권이 그 이후 중화인민공화국에서 보장된 사실은 없고, 생활의 구석구석까지 관통하는 공산당의 강권지배가 나타난다.

건국 직후 중앙정부의 각 부문 안에 공산당위원회가 설치되어 행정이 공산당의 감독 아래 놓였다. 이것을 시작으로 행정, 문화, 경제를 포함한 여러 부문에서, 중앙부터 말단에 이르는 혈관처럼 공산당 조직이 설치되었다. 그리고 각급 당위원회의 서기와 부서기가 책임자가 되어, 공산당 중앙(마오쩌둥)의 결정을 실행에 옮겼다.

도시에서는 개개인의 직장이 생활의 기초단위가 되어 이 단위에 소속된 사람의 생활 전체를 관리하는 독특한 단위체제가 발달했다. 단위체제는 1930년대부터 각지의 공산당 근거지에서 행해졌던 자급자족 제도에 기원을 두고 있었다. 이에 더해 1945년 4월에는 행정조직의 말단으로 가도판사처(街道辦事處)가 만들어져, 공산당 지배하의 주민조직인 거민위원회와 연대하여 치밀한 주민지배가 실현되었다.

「공동강령」의 제26조는 경제 정책에 대해, 공사겸고(公私兼顧, 사회주의적 요소와 자본주의적 요소의 공존을 의미하며, 자본가도 용인되었음), 노자양리(勞資兩利, 노동자와 자본가 양쪽이 이익을 얻음), 성향호조(城鄉互助, 도시와 농촌의 상호원조), 내외교류(內外交流, 국제교류)를 명시하고 있었다. 그러나 그 이후에 상황은 정반대로 흘러간다. 자본주의적 경제요소(시장, 교통기구, 개인기업, 개인상점)의 억압과 자본가에 대한 타격, 혹독한 농촌 착취 및 도시와 농촌의 격리, 서방세계와의 교류 단절 등이 그것이다.

이윽고 1954년에 채택된 헌법(전체 4장 106조)은 중화인민공화국은 사회주의를 개조하여 사회주의 국가를 세우는 것을 목표로 한다고 명기했다(제4조). 그리고 그 이후에 「공동강령」에서 명시되었던 신민주주의의 복합적 경제요소는 급속히 소멸했다.

이상의 사실로부터 '신민주주의'의 내실로서 「공동강령」에 담겨 있던 민주주의를 연상시키는 많은 문구는, 일당독재와 사회주의를 추구하는 중국공산당의 본질을 은폐하기 위한 일시적인 겉치레에 지나지 않았다는 것을 알 수 있다.

중화인민공화국의 내실

제3장에서 확인했듯이 중화인민공화국의 건국은 중국공산당의 압도적인 군사적 승리에 의해 이루어졌다. 그리고 이것은 공산당이 정치권력만을 돌연히 장악한 것으로 그들의 행동원리, 즉 마르크스주의에서 말하는 '생산력의 향상으로 발생한 사회의 생산관계 변화'를 배경으로 하는 정치권력의 장악이 아니었다.

서장과 제1장에서 기술한 것처럼 중국 역사에는 왕조 말기에 필연적이라고 할 정도로 농민반란이 발생했고, 그 과정에서 새로운 왕조가 출현했다. 그렇지만 그때마다 새로운 생산양식은 생겨나지 않았고 이전과 같은 모습의 봉건체제만이 재생산되었다. 그 원인은 농민반란이 생산력 향상을 촉진하면서 기존의 생산관계를 개혁한 것이 아니라, 파탄에 직면한 기존의 생산관계를 복원하는 과정에서 발생했기 때문이다. 새로운 사회의 창조가 아니라 구(舊)사회의 부활을 추구하고 있었던 것이다.

중화인민공화국의 성립은 공산당이 1920년대 말부터 추진한 전통적인 농민반란을 원동력으로 하고 있다. 이미 살펴보았듯이 거기에는 생산력의 향상이라는, 역사를 전진시키는 요소는 내재되어 있지 않았다. 그렇기 때문에 중화인민공화국의 정치체제는 건국 당초에 '신민주주의 체제'였고, 이후에는 '사회주의로의 과도기에 있다'고 중국공산당에 의해 정의되었지만, 실제로는 전통적인 봉건체제의 성격이 강하게 남아 있었다. 이 사실은 새로운 왕조의 황제라고도 말할 수 있는 마오쩌둥이 1954년에 각 성의 공산당서기들을 앞에 두고 한 말에서 단적으로 나타나 있다(29~30쪽 참조).

분명히 공산당은 중화인민공화국의 건국에 즈음해 민주동맹을 중심으로 하는 여러 민주당파를 정권에 참가시켜 장제스의 국민당을 고립시켰고, 장제스와 그 측근들을 지주세력의 대표이자 제국주의 국가에 봉사한 봉건적 반동집단으로 간주했다. 이 때문에 장제스의 국민당을 타파하는 신민주주의 혁명이 중국 인민의 전체 의사에 근거한다는 형식을 취할 수 있었던 것이다.

국민당원 내부에서조차 장제스에 반대하고 중화인민공화국의 건설에 참가하는 집단이 생겨나고 있었다. 1948년 새해에 홍콩에서 성립되어 쑨원의 미망인인 쑹칭링이 명예주석, 군인 출신의 리지선이 주석에 취임했던 '국민당 혁명위원회'가 그것이다.

쑹칭링과 리지선은 중화인민공화국이 성립하면서 민주당파의 핵심으로서 중앙인민정부 부주석(주석은 마오쩌둥)에 임명되었고, 민주동맹을 시작으로 각 민주당파의 대표들도 중앙정부의 부장의 자리에 임명되었다.[1] 그렇지만 민주당파는 표면적인 직무는 있었으나 실권은 없었고, 실질적인 정치지배는 공산당의 일당독재였다. 민주당파는 인민의 전체 의사를 가장하는 '장식'으로 기능했을 뿐이다.

민주당파의 대표적 인물이며 1954년에 홍콩으로 주거지를 옮기는 저우징원에 따르면 민주당파의 경비는 모두 공산당 통일전선부에서 지급되었다. 민주당파는 현재도 명맥을 유지하고 있지만, 중국인들 사이에서는 장식에 지나지 않는다는 의미로 '꽃병'이라고 불린다.

중화인민공화국의 정치권력 체제는 황제제도를 기초로 하는 중국 전통의 지배체제와 공산당의 조직원리인 볼셰비즘의 융합체였다. 즉 '사회주의의 옷을 입은 봉건왕조'이며, 청조 말기부터 중화민국 시기를 거쳐 중국에 들어온 유럽 근대의 산물인 헌법, 행정조직, 법률 등의 여러 제도가 보여주기를 위한 겉치레가 되어 이러한 실상을 감추고 있었던 것이다.

토지개혁으로 착취되는 농민

중국공산당은 1950년 6월에 중화인민공화국 「토지개혁법」을 공포하고 전국적인 토지개혁을 실시했다. 「토지개혁법」 제1조에는 "지주계급의 봉건적 착취 도구인 토지소유제를 폐지하고, 농민적 토지소유제를 실행하여 농촌의 생산력을 개방해 농업생산을 발전시키고 신중국의 공업화를 위한 길을 연다"고 명기되어 있다. 지주를 소멸시키고, 지주-

---

1 한국의 경우, 부장은 각 부의 장관에 상당한다. — 옮긴이 주

소작인이라는 옛 생산관계를 개혁하면 농촌의 생산력은 상승한다는 확신을 기초로 토지개혁이 이루어진 것을 알 수 있다.

그 결과, 농업생산력을 지탱하고 있던 자작농민인 부농과 중농은 이 당시에는 보호되고 있었다. 그러나 공산당 내부에서는 부농 보호를 둘러싸고 마오쩌둥과 류사오치가 대립한다.

마오쩌둥은 기존 자작농민 개인이 경영하는 농업생산이 아니라, 새롭게 조직된 농업공동체에 농민을 가입시켜 이들이 국가의 관리 아래 공동의 농작업을 하게 하려고 했다. 그러면 농업생산력이 더욱 향상될 것이라고 생각했던 것이다. 이에 반해 류사오치는 정치권력에 의한 성급한 농업공동화는 거꾸로 농업생산 활동을 저해한다고 생각했다. 양자의 대립은 농업공동화를 둘러싼 공산당 내부의 노선투쟁으로 뚜렷해지고, 이는 문화대혁명으로까지 발전한다.

기존 연구에서는 농민 정책을 둘러싼 마오쩌둥과 류사오치의 대립에만 초점을 맞추어 공산당의 토지개혁이 거꾸로 농민에게 가혹한 착취를 가져왔다는 사실을 간과하고 있다. 중화인민공화국의 「토지개혁법」 제1조에 명시된 것과 같이 토지개혁은 급무(急務)였던 공업화의 최초 단계였다. 이것으로 농업생산력을 향상시켜 공업화에 필요한 자금을 준비하는 것이다. 게다가 중화인민공화국의 공업화는, 많은 자본주의국가가 걸어온 경공업화로부터 중공업화로의 길이 아닌, 곧장 막대한 자금이 필요한 중공업화로의 길이었다.

건국 직후 중화인민공화국은 서방 국가들과의 국교를 단절하고 소련으로부터 차관을 얻었지만, 이는 광대한 국토를 중공업화하기에는 미미한 것이었다. 그렇기 때문에 공업화에 필요한 막대한 자금을 충당하기 위해서는 농산물을 대량으로 수출해 외화를 얻는 방법 외에는 없었다. 이 외화로 공업화에 필요한 기자재를 수입하는 것이다. 그 결과 많은 농민이 자신의 토지를 얻었음에도 실제로는 이전보다 더 심하게 착취당하는 상황에 놓였다.

이에 반해 노동자를 비롯한 도시의 주민은 공산당의 지배체제 아래 직업선택의 자유를 잃었지만 공업화 담당자로서 국가의 보호를 받게 되었다. 그리고 1950년대 중반부터는 도시주민과 농촌주민(농민)의 호적에 기초한 차별화가 진행되어 도시와 농촌 간 이동은 진학과 병역을 제외하고 금지되었다. 이렇게 해서 농촌을 수탈하고 도시를 보호하며, 아울러 공업화를 추진하는 정치노선이 고정되었다.

민주동맹 상무위원으로서 중화인민공화국 건국 직후부터 내정에 관여하고 있던 저우징원은, 1953년부터 실시된 생산할당과 통일매입·통일판매 정책이 농민의 빈궁화를 단숨에 가속시켰다고 기술하고 있다.

생산할당이란 정부가 미리 일정한 생산량을 농민에 할당하는 것이다. 이 생산할당량에 맞춰 농업세액이 결정된다. 그런데 생산할당량은 일반적으로 토지의 생산능력보다 높게 설정되어 과중한 농업세가 부과되었다.

통일매입 정책이란 생산된 식료품으로부터 농업세와 각종세금을 차감하고, 다음으로 농가가 소비하는 자가 보유미를 공제한 이후 남은 식료의 전부를 공정(公定)가격으로 국가가 사들이는 것이다. 그러나 자가 보유미는 전혀 허가되지 않았기 때문에, 구입해서 모은 식료품은 대외전쟁을 위한 비축, 도시주민을 위한 식료품 확보, 대외수출의 용도로 강제적으로 사용되었다.

통일판매 정책은 확보된 식료품이 도시에서 공정가격으로 판매되는 것이지만 실제로는 배급제도가 실시되었다. 이후 통일매입·통일판매 정책은 1984년까지 계속되었다.

저우징원은 "이 정책을 집행하는 데 간부는 상급이 명한 임무를 달성하기 위해 농민의 생활은 고려하지 않았다. …… 실제 상황을 상회하는 계획수량과 …… 상급간부에게 전망을 좋게 하려는 하급간부의 노력이 …… 식료품 부족이라는 현상을 일으킨 것이다"라고 말했다.

농민생활의 참상

토지개혁 이후 농민이 심각하게 착취당하는 상황에 있었다는 사실은 1953년 9월에 열린 제27차 중앙인민정부위원회에서의 량수밍의 발언에서 명백하게 드러난다. 이 회의에는 정치협상회의 전국위원회의 위원들이 참석했고 량수밍도 그중 하나였다.

량수밍은 구체제에서 중학교 졸업의 학력만으로 1917년에 베이징대학에서 인도철학을 강의한 경력을 가진 인물이다. 그리고 앞서 기술한 바와 같이 1920년대 후반부터는 농촌건설(향촌건설) 운동에 관여하여, 학교를 설립하고 농민을 계몽해 협동조합을 조직하고 농촌 경제를 활성화시키려고 했다. 량수밍은 계급투쟁에 기반을 둔 공산당의 토지개혁에는 반대했지만, 중일전쟁 중에는 옌안에서 마오쩌둥과 회담했고 민주동맹의 설립에도 참여했다.

정부위원회에서 량수밍의 발언을 직접 전하는 자료는 공개되어 있지 않다. 그렇지만 발언의 요지는 「량수밍의 반동사상을 비판한다」라는 제목으로 『마오쩌둥 선집』 제5권에 수록되어 있는, 마오쩌둥이 정부위원회에서 행한 량수밍에 대한 반론을 통해 알 수 있다.

량수밍은 대담하게도 의장석에 앉은 마오쩌둥 등의 공산당원 앞에서, 생활이 보장되는 노동자에 비해 농민의 생활은 극단적으로 가난해

하늘과 땅 정도의 차이가 있고, 노농동맹의 명분은 파탄났다고 말했다. 그리고 노동자와 농민의 수입격차를 시정하기 위해 노동자 수입의 일부를 농민에게 돌리자고 제안했다.

공산당은 '농민을 해방했다'고 자부했고 노농동맹이 자신의 정치권력의 기초라고 여겼다. 그런데 농민이 극빈의 상황에서 고통받고 노농동맹은 파탄났다고 하는 량수밍의 발언은 자신들의 존재이유를 부정한 것과 다름없었다.

마오쩌둥의 입장에서는 어지간히 아픈 곳을 찔린 것이었으리라. 량수밍의 발언에 대해 "중국의 공업을 괴멸시키는 것이다. …… 나라가 망하고 당이 망한다. 당이 망할 때 공산당만이 망한다고 생각지 말라. 민주당파에도 그 결과가 돌아오는 것이다 ……"라고 고래고래 소리쳤다. 이에 더해 량수밍이 과거에 실시한 '향촌건설'은 "지주건설이며 향촌파탄이고 국가멸망이다"라고 깎아내리며 량수밍의 제안을 일축했다. 량수밍과 함께 정부위원회에 출석했던 민주동맹 상무위원 저우징원은 마오쩌둥이 "더는 참을 수 없다는 태도로 마이크를 움켜쥐고 갑자기 고함쳤다"라고 회상했다.

량수밍은 그 이후 비판의 대상이 되어 사회적으로 매장되었다. 그리고 마오쩌둥 사후인 1977년이 되어서야 84세의 나이로 『마오쩌둥 선집』 제5권의 출판 관련 학습회에 출석했고, 여기에서도 변함없이 자기비판의 변을 펼쳤다.

저우징원은 량수밍이 호소한 농민의 피폐에 대해 1953년 당시의 내부보고를 인용해 다음과 같이 기술하고 있다. 이 자료는 내무부 부부장이자 공산당원인 왕이푸(王一夫)에 의해 보고되었다.[2]

…… 왕이푸는 홍쩌호(洪澤湖, 장쑤성과 안후이성에 걸친 호수) 부근의 농민 생활을 시찰했다. …… 왕이푸는 "촌에 들어가면 나무가 한 그루도 없다. …… 아궁이는 옥외에 있지만 취사한 흔적도 없다. 먹고 있는 것은 술지게미 정도로 우리가 본 적도 없는 물건이다. 상상을 초월하는 가난이다" 라고 말했다.…… 1953년은 여기에 커다란 수해까지 덮쳤다 ……. 마오쩌둥은 한 사람의 아사자도 나와서는 안 된다고 엄명했지만 내무부의 보고에 따르면 어떤 피해지구에서든 대량의 아사자가 나오고 있는 것이다. …… 게다가 이때 중공은 대량으로 실론[스리랑카]과 소련에 식량을 수출하고 고무와 기계를 사들이고 있었다. 그리고 마오쩌둥은 소련제 지스(ZIS, 고급자동차의 브랜드명)를 타고 쓰리 파이브(외국담배의 상표)를 피우고 있었던 것이다. …… 현재의 농민은 고대 농노보다 비참하다 …… 농민에 의존하여 천하를 얻은 공산당은 천하를 얻은 동시에 농민을 잊었다. 게다가 부끄러움도 모르고 우리 정권은 노농동맹을 기초로 한다고 선전하고 있는 것이다.

농업공동화 정책과 당내 대립

그 이후 공산당은 농민 합작사(협동조합)를 조직해 농업공동화를 추진했다. 명분은 사회주의 이념에 기초한 농업생산의 공동화였지만 실제로는 농민 착취를 확실히 하려는 의도였다고 생각된다. 통일매입·통일판매로 농산물의 유통은 통제 아래 있었지만 농민이 식료품을 은닉하는 것은 가능했다. 따라서 농업의 생산과정을 직접 통제하고 생산물

---

2 생략부호와 괄호는 필자가 작성한 것이다.

을 완전히 농민에게서 빼앗으려고 한 것이다.

농업공동화가 추진되는 가운데, 건국 직후부터 진행되고 있던 사회주의 건설을 둘러싼 마오쩌둥과 류사오치의 대립은 더욱 심각해졌다. 일반적으로 이 대립을 사회주의화의 속도를 둘러싼 대립으로 이야기하는 경우가 많다. 류사오치가 자본주의적 요소가 온존하는 혼합경제 시기인 신민주주의 시기를 길게 설정한 것에 반해, 마오쩌둥은 성급히 사회주의화를 실현하려고 했다는 것이다. 표면적으로 보면 그렇지만, 대립의 근저에는 생산력과 생산관계의 인과관계를 이해하는 데 대한 마르크스주의 이론상의 원칙적 대립이 존재하고 있었다.

마오쩌둥은 1938년에 발표한 『변증법 유물론[講授提綱(강의록)]』에서 생산력을 방해하는 옛 생산관계를 정치혁명을 통해 타파하는 것이야말로 새로운 생산력의 발전을 향한 길이라고 주장했다. 그리고 이 관점은 건국 후에도 이어져 1960년 「소련 ≪정치경제학≫ 연구노트」에서도 드러난다.[3]

마오쩌둥은 중화인민공화국이 성립한 뒤에는 초기부터 정치운동을 전개해 부농을 소멸시키고 농업공동화를 추진하며, 새로운 사회주의적 생산관계를 수립해야만 한다고 생각하고 있었다. 그것이야말로 진정한 생산력 향상인 것이다. 이런 마오쩌둥에게 건국 초기의 부농보호 정책은 농촌의 생산력을 회복시키기 위한 일시적 편법에 지나지 않았다.

이에 반해 류사오치는 농업생산력의 향상은 현재 있는 생산관계를 유지하면서 행할 수 있는, 대규모 기계화 등의 새로운 생산수단의 도입

---

3 Stuart R. Schram, 『毛澤東の思想』, p. 91, p. 20.

속에서 생겨난다고 생각하고 있었다. 그렇기 때문에 류사오치에게 건국 초기의 부농보호 정책은 생산력 유지를 보증하는 장기적 정책이었다. 류사오치는 마오쩌둥의 정치적 권위에 의해 농업공동화가 추진되기 시작하는 시기부터, 협동조합을 해산시키는 등의 조치를 강구한다.

인민공사의 폐해

결국에는 마오쩌둥의 농업공동화 노선이 류사오치의 현실노선을 압도했다. 군, 국가, 당의 최고 지위인 군사위원회 주석, 국가주석, 공산당 주석을 겸임하는 마오쩌둥의 권력은 절대적이었다.

농업공동화는 1950년부터 시작되었지만, 당초에는 여러 개의 독립경영 농가에서 조직된 호조체(互助體)였다. 농번기에 공동으로 노동하고 대형 농기구를 함께 사용하는 것이다. 이후 1953년에는 30호에서 50호의 농가가 토지를 협동조합에 출자하고 공동으로 노동하는 초급합작사(초급협동조합)가 출현했다. 나아가 1956년에는 100호 이상의 농가가 참가하여 토지도 농기구도 모두 협동조합이 소유하는 대규모의 고급합작사(고급협동조합)가 출현했고, 그해에 90% 이상의 농민이 가입했다. 이후 마오쩌둥의 농업공동화 정책은 1958년 8월부터 11월까지 전개된 전국일체의 인민공사운동에서 완성되었다.

인민공사는 생산대(구초급합작사에 상당)를 기초단위로 하고, 여기에 생산대대(구고급합작사에 상당), 인민공사라는 세 개의 부문으로 구성되었으며 수천 호의 농가에 의해 성립되었다.

그리고 토지뿐만 아니라, 역축(役畜, 부리기 위해 기르는 가축), 농기구, 수목(樹木)을 비롯한 모든 생산수단이 공동체의 소유가 되고, 농민의 노동력은 점수가 매겨져 급여가 부여되었다. 이런 식으로 농업생산물을 완전히 통제한 것이다. 또한 공동식당이 만들어져 부인들은 가사 노동에서 해방되었지만, 이들의 노동력은 다시 농작물과 수리 공업에 투입되었다.

이렇듯 기계화와 화학비료 사용 등 생산수단의 개량이 제대로 되지 않은 채, 생산관계만을 성급하게 개조하는 형태의 농업사회주의화가 진행되었다. 마오쩌둥에 따르면 생산력을 방해하는 옛 생산관계를 정치혁명으로 타파하는 것이야말로 새로운 생산력 발전의 길을 여는 것이었다.

마오쩌둥은 인민공사를 단순한 농업생산 조직이 아닌 농업, 공업, 상업, 문화교육, 민병조직 등 사람들의 생산활동과 일상생활, 그리고 정치권력을 지탱하기 위한 사회의 기초단위로 구상하고 있었다. 그 결과 본래 농작업에 집중해야만 하는 노동력이 대규모의 농업수리건설을 시작으로 다방면에 분산되어, 농업생산력이 향상되기는커녕 단숨에 저하되어 1958년 말에는 대량의 아사자가 발생한다. 오늘날의 관점으로 보면, 주어진 자연조건 속에서 미묘한 균형을 유지하고 있던 중국의 농업생산 활동이라는 생태계가 외부의 급격한 정치적 간섭에 의해 파괴된 것이다.

이후 잃어버린 농업생산력의 균형을 회복하기 위해 곧바로 류사오치 주도의 농업노선이 시행되었다. 그 내용은 이전부터 이어지던 중국공업의 생산양식을 토지공유제의 틀에서 가능한 한 회복시키는 것이었다. 그 결과 자류지(농민개인이 모두 소유하고 자유로운 경작활동을 할 수 있는 약간의 토지), 현금수입을 위한 가정 부업, 농촌정기시장이 부활했다. 한편 마오쩌둥은 실패의 책임을 지고 국가주석을 사임했고, 1959년 4월 류사오치가 국가주석에 취임했다.

그러나 류사오치 노선의 도입은 어디까지나 부분적인 것이었고 인민공사제도 자체는 계속 유지되고 있었다(1960년에는 도시로까지 확대). 마오쩌둥은 국가주석을 사임했지만 여전히 공산당 주석이었고 여기에 군사위원회 주석으로 군까지 총괄하고 있었다. 그리고 이러한 권력을 바탕으로 그는 문화대혁명을 일으키게 되는 것이다.

변하지 않은 무거운 세금

자류지, 가정 부업, 농촌정기시장을 부활시키고 확대하는 류사오치의 정치노선은 농업의 개인경영과 농촌의 시장경제를 용인하는 것이었다. 그렇기에 마오쩌둥의 입장에서 보면 자본주의로의 길을 걷는 것과 다름없었고, 절대로 용인할 수 없는 것이었다. 이 때문에 자신의 이론에 기반을 둔 사회주의 노선을 고집한 마오쩌둥이 1966년부터 문화대혁명을 일으켜 류사오치 노선을 파기하는 것에 그치지 않고 류사오치를 제거한 것이다.

그러나 1976년 마오쩌둥의 죽음으로 문화대혁명은 종언을 고하고, 그 이후 덩샤오핑이 도입한 개혁·개방 정책 아래 류사오치가 목표로 했던 현실노선은 대대적으로 되살아난다.

1980년부터 덩샤오핑은 개혁·개방 정책을 추진하고, '중국 특색의 사회주의'라는 이름 아래 전면적으로 시장경제를 도입했다. 공업화에 필요한 자금을 조달하기 위한 외자도입은 이미 1978년부터 개시되고 있었다. 그 결과 농업에 대한 국가의 통제는 완화되었고 국가에 의해 곡물의 통일매입가격도 높아졌다. 1982년에 인민공사의 폐지가 결정되었고, 1985년 중에는 전국에서 모두 해체되고 이전의 향촌제가 부활했다. 그와 동시에 가정 부업이 전면적으로 승인되어 농민이 1호 단위로 생산을 책임지는 생산책임제도가 도입되었다. 이것으로 농민의 적극성과 농업을 포함한 생산활동 전체의 활성화가 기대되었다.

그러나 이 책에서 지금까지 서술했듯이, 중국의 농민은 국가의 엄격한 생산관리에서는 상대적으로 자유로워졌지만 시장경제의 논리와 결합하여 농촌에 출현한 새로운 지배체제 아래 여전히 과중한 세부담으로 인한 빈곤 속에 고통받고 있다. 그리고 이러한 과중한 세부담을 초래한 근본원인은 국가의 법령을 무시한 지방정부 행정인원의 대폭적인 확대와, 봉건시대를 방불케 하는 무질서한 행정비용의 징수에 있다. 그 실태는 공산당 지방간부였던 리창핑(李昌平)이 내부고발한 『중국농촌붕괴(中國農村崩壞)』[4]에 남김없이 서술되어 있다.

이와 같은 현실이 류사오치 노선의 연장선상에서 출현했다는 것은 부정할 수 없다. 그렇기 때문에 문화대혁명이 발생하지 않고 류사오치 노선이 1960년대부터 계속되었다고 해도 오늘날의 중국과 다르지 않은 모습이었을 것이다.

오늘날에도 중국의 농민이 무권리 상태에 놓여 있는 것은 제1장에서 소개한 리인허·린춘의 논문이 언급하고 있는 것처럼, 농촌을 포함한 중국사회 전체에서, 사람들의 권리의식에 변화를 가져올 생산 현장에서 근본적 변화가 발생하지 않았기 때문일 것이다. 사회주의의 옷을 입고는 있지만 그 실질은 기존의 봉건체제가 계속되고 있는 것이다.

4 李昌平, 『中國農村崩壞』(日本放送出版協會, 2004).

2. 지식인의 수난

불안정한 입장에 놓인 지식인

중화인민공화국의 산업과 문화를 진흥시키는 데 반드시 필요한 인재는 지식인들이었다. 마르크스주의 이론에 기초하면 지식인은 공업기술을 비롯한 산업과 문화를 아우르는 여러 '지식'의 소유주이며 생산수단의 가장 중요한 부분을 담당하고 있는 사람들이다. 그러나 공산당은 지식인들의 능력을 충분히 발휘시키는 데 실패했다. 오히려 1966년부터 10년간 이어진 문화대혁명에서 중국의 지식인들은 사회주의의 적으로 몰려 말살될 위기에 처한다. 왜 이와 같은 사태가 발생한 것일까.

이미 보았듯이 지식인들은 항일전쟁 중 민주동맹을 중심으로 하는 여러 당파에 결집해 민족통일전선에 다양한 계급의 국민을 동원하는 역할을 했다. 그리고 항일전쟁이 끝난 이후에는 내전 반대를 외치며 국민당과 공산당을 조정하기 위해 노력했다. 국민당은 지식인들을 탄압했지만 공산당은 통일전선 정책에 의해 그들과 결합했다. 이윽고 내전에 승리한 공산당은 민주당파로 결집한 지식인들에게 일정한 정치적 자리를 주었고, 그들이 표면상 통일전선을 지탱하는 역할을 연기하게 했다.

이상이 지식인들에게 존재하고 있던 긍정적인 요소이다. 그러나 지식인들에게는 공산당의 정치지배와 대립하는 부정적인 요소도 있었다.

지식인들은 공산당이 절대적인 지도이념으로 삼은 마르크스·레닌주의를 각종 정치사상 중 하나로 상대화하고, 공산당의 인민 민주독재를 비판할 능력이 있었다. 하지만 공산당은, 이것을 사상문제[정치경제적인 변혁을 통해 해결해야 하는 계급문제가 아니라 사상(상부구조)상의 문제]로 간주하고, 마르크스·레닌주의를 학습시켜 지식인의 사상을 개조하면 해결할 수 있다고 여겼다. 마오쩌둥은 1945년에 발표한 「연합정부론」에서 지식인들의 사상을 민중에 봉사하는 신사상으로 개조하고, 그들을 공산당이 지도하는 새로운 체제에 동원하는 방침을 확인하고 있다.

그러나 이는 그리 간단히 해결될 수 없는 문제였다. 지식인들은 구체제에서 지주, 자본가, 부농 가정 출신이 대부분이었기 때문에 국민당을 비롯한 공산당에 대적하는 정치세력과 과거에 몇 번의 관계가 있었기 때문이다.

지식인들의 출신가정이 지주, 자본가, 부농인 것은 불가피했다. 도시에서 교육을 받으려면 재력이 필요했기 때문이다. 도시는 국민당이 지배했고, 공산당이 지배했던 농촌근거지에 대립하는 공간이었다. 이 때문에 도시에서 교육을 받고 다양한 직업에 종사하던 지식인들은 국민당 및 다른 정치세력과의 관계가 있을 수밖에 없었다.

그러나 공산당은 지식인들이 과거에 각종 정치세력과 맺은 관계를 정치문제(정치활동에 결부된 문제)로 포착하여 언제라도 정치적인 탄압을 가할 수 있다고 보았다.

지식인들이 공산당에 대적할 의사가 없다 해도 공산당의 입장에서 보면 그들은 적대계급 출신자이며, 그 경력으로 보아도 쉽게 신용할 수 없는 존재였다. 그리하여 지식인들은 중화인민공화국에 대해 긍정과 부정의 요소를 동시에 가진 불안정한 존재로 인식되어 국가건설 참여가 보류되었다. 이것은 지식인이라는 생산수단의 원동력이 충분히 힘을 발휘할 수 없는 사태로서, 공산당의 국가건설이 순조롭게 진행되지 않는다는 것을 의미했다.

중국혁명이 단순한 정치권력의 교체이며 그 내실은 왕조의 교체에 가까웠다는 것은 이미 서술했다. 과거에 반복되었던 왕조 교체에서는 모든 왕조가 건국 직후 지식인을 등용하여 새로운 정치경제 체제를 수립했다. 그러나 공산당은 사회 전체를 몇 개의 계급으로 분류하고, 계급 간의 투쟁과 연합을 교묘히 조종함으로써 정치권력을 장악했다. 그리고 역설적이게도 사회 생산력의 중요한 담당자인 지식인들이 적대계급 출신자들이었던 것이다.

공산당은 계급투쟁에 의한 사회주의 혁명의 달성을 표면적으로 내세우고 있었던 까닭에 계급적 관점을 무시할 수는 없었다. 그 결과 공산당이 정치권력을 획득할 수 있게 만든 계급투쟁이라는 정치적 수단 그 자체가 거꾸로 그들이 획득한 정치권력의 기반인 사회의 생산력 향상을 방해하게 되어버린, 진퇴양난의 사태가 만들어진 것이다.

사태를 더욱 복잡하게 한 것은 독재적 권력을 유지하기 위한 정치적 수단으로서 계급투쟁을 고집하며 지식인의 불안정한 입장을 이용하려고 했던 마오쩌둥의 태도였다. 많은 공산당 지도자들은 정치권력을 장악한 후에는 지식인의 출신계급을 특별히 문제 삼지 않고 그들을 등용하려고 했다. 그렇지만 마오쩌둥은 지식인 등용을 지시하는가 싶더니, 지식인의 출신계급에 연연하며 돌연 계급투쟁의 색을 띤 정치운동을 벌여 다른 공산당 지도자들이 실시한 지식인 우대 정책을 폐지했다.

이후 지식인들은 사회주의화를 둘러싼 공산당 내부의 노선대립에 농락당했고, 1966년부터 일어난 문화대혁명에서는 그 존재 자체가 말살될 위기에 처한다.

지식인 등용 정책과 사상개조의 실태

문제를 내포하고는 있었지만 중화인민공화국의 성립 초기에는 공산당이 지식인을 적극적으로 국가건설에 동원하려는 자세를 보였고, '단결·교육·개조'의 방침을 내걸고 있었다. 단결이란 지식인과의 단결이며 교육·개조란 마르크스·레닌주의에 의한 지식인의 사상교육과 사상개조였다.

중화인민공화국이 성립한 1945년 초 공산당원 수는 448만 명으로 그중 60~70%를 빈농, 고농(雇農, 고용살이하는 농민), 유민 출신자가 차지하여 공산당의 새로운 도시지배에는 어려움이 예상되었다. 이 때문에 공산당 중앙은 1950년 6월 당원의 질적 향상을 도모하겠다는 방침을 세웠고 이후 토지개혁에서의 적극분자를 중심으로 100만 명 이상의 새로운 당원을 보충했다.[5]

새로운 당원 중에는 지식인 또한 상당수 포함되어 있었다. 지식인들은 구체제에서는 여러 직업에 종사할 수 있었지만, 중화인민공화국의 성립 이후에는 직업 선택의 자유가 없어져 공산당에 의한 직업배분을 받아들이는 것 외에 생존의 길이 없었다. 그렇기 때문에 권력에 가까워지기 위해 적극적으로 공산당에 입당을 신청한 것이다. 1956년 1월의 저우언라이의 「지식분자 문제에 관한 보고」에 의하면 건국 당초의 지식인의 수는 400만 명에도 미치지 못했다.

지식인은 1950년 8월 공포된 「농촌의 계급성분 구분에 관한 결정」에서 하나의 '계급'이 아니라 '지식분자'라고 규정되었다. '분자'란 계급을 구성하는 하나의 분자라는 의미인데, 이것은 지식인의 존재가 자본가와 부농 등 여러 계급 안에 분산되어 있었기 때문이다. 「농촌의 계급

5 北村稔, 「反右派闘爭について」, ≪ふびと≫ 第39号(三重大學歷史教室, 1982).

성분 구분에 관한 결정」은 중화소비에트공화국 시대인 1933년 공포된 계급구분에 관한 규정을 기초로, 새로운 도시지배에 기반을 두고 약간의 내용을 추가하여 공포되었다. 이것으로 전체 국민의 소속계급(계급성분)과 출신계급(출신가정의 계급)이 확정되었고, 이는 1950년 6월 개시가 선언된 토지개혁의 기준이었다.

그 당시 지식인의 자격에 관한 규정은 제시되지 않았지만, 중등학교 이상의 교육을 받은 사람들을 의미한 것으로 생각해도 좋다. 그리고 지식인의 대부분을 차지하고 있던 임금 생활자인 사무직원들은 '직원'이라고 부르는 노동자계급의 일부분으로 인정되었다.

예를 들어 어떤 사람이 학교의 교원이며 출신가정이 지주라면, 계급성분은 '직원'이고 출신계급은 '지주'이다. 그러나 '직원'은 노동자계급의 일부분이었으므로 출신계급이 무엇이든 원칙적으로는 불리한 요인이 될 것은 아니었다.

그러나 공산당에 의한 지식인 등용은 의도했던 대로 진행되지는 않았다. 사상개조의 과정에서 지식인들은 단순히 사상뿐만 아니라 자신의 과거를 대중의 면전에 속속들이 내보여야 했고, 심지어 이것을 자기비판하고 구체제에서 신체제에 적합한 인간으로 변화했다고 공산당원들로부터 인정받아야만 했다. 그런데 공산당원들은 경력상의 작은 사실조차도 놓치지 않았다. 이렇듯 사상개조는 경력심사를 통한 '규탄'의 성격을 띠었다.

추상적인 사상문제가 아닌 자신의 경력을 구체적으로 서술하는 경우, 많은 지식인에게 친척이나 교우관계와 연결된 정치문제가 한두 개는 존재했다. 그 결과 부적절한 경력을 만들어낸 출신계급이라는 개조 불가능한 사실에 중점이 놓였고, 많은 지식인이 아무리 자기비판을 해도 '개조'되었다고 인정받지는 못했다.

지식인을 둘러싼 혹독한 상황은 1956년 1월의 지식인 문제회의에서 저우언라이의 「지식분자 문제에 관한 보고」가 발표된 이후 완화된다. 이 보고서는 사회주의 건설로 지식인을 동원하는 것이 불가능하게 되어 1953년부터 제1차 5개년 계획이 정체된 사실을 배경으로 하고 있었다. 저우언라이는 지식인의 공산당 입당이 실현되지 않았기 때문에 그들이 배제되고 있다고 기술하고, 그 이유를 공산당원의 배타성에서 찾았다. 그리고 지식인의 경력은 복잡하지만 정치문제가 있는 자는 적으며, 성실히 개조를 도와서 지식인의 능력을 끌어내자고 제창했다.

지식인이 아닌 많은 공산당원들은 사회의 저변에서 출발해 고생 끝에 권력을 손에 넣었기 때문에, 지식인이 이렇다 할 고생도 없이 교육·개조의 노선에 편승하여 입당하는 것을 용인할 수 없었을 것이다. 그리고 이 배타성은 지식인 출신 당원에게도 공유되고 있었다.

예상대로 공산당 중앙으로부터 지식인을 우대하라는 지령이 내려지자 지식인의 공산당 입당과 대우를 개선하자는 논지의 기사가 ≪인민일보(人民日報)≫와 민주당파 기관지 ≪광명일보(光明日報)≫에 실렸다.

그러나 그 이후 중국 안팎의 상황변화에 영향을 받은 지식인들은 공산당의 일당독재와 강제적인 사회주의화 정책을 비판한다. 이에 대해 공산당은 1957년 6월부터 반(反)우파 투쟁을 개시하여 지식인을 철저하게 탄압했다. 우파란 민주당파 안의 '우파'를 의미하며 중화인민공화국의 근본원리인 프롤레타리아 독재에 반대하는 정치집단이라는 낙인이었다. 결과적으로 지식인들의 민주당파는 완전히 정치적 영향력을 잃었다.

언론자유화 정책에 숨겨진 의도

반우파 투쟁의 배경은 복잡했다. 지식인들의 공산당 비판은 자주적으로 출현한 것이 아니라 공산당이 몰아붙인 결과였다. 그리고 이것을 몰아붙인 것은 마오쩌둥이었는데, 자기 뜻대로 되지 않는 공산당을 당 외부의 비판에 노출시키고 이로써 생겨나는 조직의 동요에 힘입어 자신의 지도력을 회복하려는 노림수가 있었던 것이다.

그러나 공산당이 몰아붙인 결과라고 해도 지식인들의 공산당 비판에는 사회주의화의 모순을 예리하게 지적하는 내실이 갖춰져 있었다.

처음에는 소련에서 스탈린 비판이 생겨난 것이 계기였다. 스탈린은 레닌이 죽은 뒤 러시아에서 사회주의 혁명을 강제로 추진한 공산당 지도자로 1953년에 사망했다. 새로운 지도자가 된 니키타 흐루쇼프(Nikita Khrushchyov)는 1956년 2월 소련공산당 제20차 당대회에서 비밀보고로 러시아공산당 내의 반대파에 대해 행해졌던 스탈린의 대규모 숙청을 고발하고 스탈린의 교조주의와 개인독재를 비판했다. 흐루쇼프가 노린 것은 개인독재에 종지부를 찍고 집단 지도 체제를 구축하는 것이었다. 흐루쇼프의 스탈린 비판은 3월 ≪뉴욕타임스(The New York Times)≫에 보도되었고, 6월에는 미국 국무성이 흐루쇼프 보고의 전문을 발표했다.

스탈린 비판은 마오쩌둥에게 일종의 위협이었다. 당시 마오쩌둥은 국가주석, 중국공산당 중앙위원회 주석, 정치국 주석, 중앙서기처 주석, 군사위원회 주석을 겸직하는, 문자 그대로 황제적 권력을 손에 쥐고 있었다. 그러나 스탈린 비판은 이와 같은 독재권력을 부정하는 것이었다.

스탈린 비판이 생겨나자 류사오치 등은 마오쩌둥의 독재체제를 시정하려고 했다. 그 결과 1956년 9월에 열린 중국공산당 제8차 전국대표대회에서는 정치국 안에 상무위원회와 5명의 정치국 부주석이 신설되었고, 정치국 주석으로서 모든 것을 단독으로 처리했던 마오쩌둥의 독재체제는 종지부를 찍었다. 그 외 중앙서기처에는 총서기가 신설되었고(덩샤오핑이 취임) 마오쩌둥의 중앙서기처 주석 자리는 폐지되었다. 결국 1945년 제7차 전국대표대회에서 채택된 당규약에서 마르크스·레닌주의와 함께 중국공산당의 지침이었던 '마오쩌둥 사상'이 제8차 전국대표대회에서 채택된 당규약에서는 모두 삭제되었다.

마오쩌둥은 스탈린 비판 분위기에 자신의 독재권력이 흔들릴 것을 예측했다. 마오쩌둥은 언론의 자유화를 촉진하여 중국 사회주의에 민주를 일으키고 자신의 독재적 색채를 엷게 하려고 했다.

그러나 이러한 언론자유화는 급격한 사회주의화에 따라 국내에 높아져 있던 불만을 발산시켜 파국을 피하려는 의도도 있었다고 생각된다. 마오쩌둥은 지배체제의 동요를 두려워해 언론자유화를 주저하는 류사오치 등의 공산당원을 무시하고 자유화 정책을 추진한다. 결국 류사오치파도 이 정책을 용인한다.

마오쩌둥의 언론자유화 정책은 1956년 5월 최고국무회의에서 시작되었다. 최고국무회의는 헌법(1954년 제정)에 규정되어 있던 국정 관련 중요사항을 의논하는 회의였으며 국가주석이 소집하고 의장을 맡았다. 다만, 회의 자체에 의결권은 없었고 1975년에 폐지되었다.

마오쩌둥은 5월 2일 최고국무회의에서 민주당파와의 '장기공존, 상호감독'을 제창했다. 문자 그대로 읽으면 민주당파와 공동으로 정권운영을 한다는 의미이다. 이어 26일에는 중앙선전부장인 루딩이(陸定一)가 '백화제방·백가쟁명(百花齊放·百家爭鳴, 백 송이의 꽃이 일제히 피는 것처럼, 백 개의 학파가 다투어 논의함)'에 대해 강연하고, 마르크스주의와 다른 사상과의 자유로운 토론을 제창했다. 이에 더해 6월 25일에는 통일전선부장인 리웨이한(李維漢)이 전국인민대표대회 제3차 회의에서 민주당파와의 '장기공존, 상호감독'을 재차 강조했다.

이 사이 동유럽에서는 스탈린 비판의 여파로 1956년 6월에 폴란드에서 폭동이 발생했고, 이어 10월에는 헝가리에서 봉기가 일어나 사회주의 체제가 동요하게 되었다. 중국에서도 공산당 지배의 동요가 충분히 예측되었다.

1957년 2월이 되자 마오쩌둥은 다시 최고국무회의를 소집하고 지식인 대표자를 모아 「인민내부의 모순을 올바르게 처리하는 문제에 대하여」라는 제목의 강화(講話)를 하며 지식인의 대담한 발언을 촉구했다. 그리고 이 강화를 녹음하여 전국의 간부직원이 듣도록 했다.

하지만 이 강화가 있기 이전에 마오쩌둥은, 언론자유화 정책을 망설이는 각 성의 당서기를 소집한 비공개 공산당회의에서 불편한 의견이 나오면 탄압하면 된다고 말했다. 언론자유화 정책은 공산당에 대한 반대의견을 꾀어내려는 덫이었다고도 말할 수 있다.

덧붙여 말하면, 마오쩌둥의 2월 강화는 상당한 수정을 가한 이후 6월 19일 자 ≪인민일보≫에 발표되었다.[6]

그리고 공산당은 1957년 4월 말에 당내의 관료주의, 종파주의, 주관주의의 일소를 목표로 당외 인사도 참가하는 '정풍운동'을 실시한다고 선언한다. 그리고 5월 8일 베이징 중앙좌담회를 시작으로, 전국 각지

---

6 『마오쩌둥 선집(毛澤東選集)』 제5권(人民出版社, 1977)에 수록되어 있다. 강화원고에 기초한 2월 강화의 원래 내용은 『마오쩌둥의 숨겨진 강화 상·하(毛沢東の秘められた講話 上·下)』(岩波書店, 1992~1993)에 수록되어 있다.

에서 공산당 통일전선부가 주최하고 지식인도 참여하는 좌담회가 거행되었고 지식인들에게 의견 제출을 요구했다. 그 결과 탄압을 두려워해 입을 다물고 있던 지식인들도 발언해야만 하는 상황에 처한다.

반우파 투쟁의 발발

지식인들의 발언은 급격한 사회주의화에 대한 사회 불만이 배경이었다. 중국은 1955년부터 사회주의화가 급속히 추진된 결과, 1956년에는 자본주의적 요소를 거의 찾아볼 수 없게 되었다. 농업에서는 고급합작사가 등장했고 수공업자는 수공업합작사로, 사영기업은 정부자본과 공산당관료가 개입하여 공사합작기업으로 개편되었다. 하지만 종래의 시장메커니즘이 파괴되었기 때문에 물자의 흐름은 정체되었고, 토지의 공유화로 농민의 근로의욕은 감소했다.

그 결과 인민대학의 물리학 강사였던 거페이치(葛佩琦)처럼 공산당의 사회주의화 정책의 실패를 혹평한 다음에 "…… 방식이 좋으면 그것으로 좋지만, 나쁘다면 대중은 당신들을 타도하고, 공산당원을 죽이고, 당신들을 쓰러뜨릴 힘이 있다. 이것을 애국이 아니라고 말하는 것은 불가능하다. …… 공산당이 망해도 중국은 멸망하지 않는 것이다"라고 하는 대담한 발언도 출현했다.[7]

그러나 대다수 지식인의 발언은 공산당에 대한 소극적 불만에 그쳤다. 대표적인 의견은, 직무는 있지만 권한이 없는(유직무권) 상황의 시정을 요구하는 것이었다. 그 외의 의견도 마오쩌둥이 제창한 민주당파

---

7 内閣官房内閣調査室 編, 『中共人民内部の矛盾と整風運動』(大蔵省印刷局, 1957). 이 발언은 5월 31일 자 ≪인민일보≫에 게재되었다.

와의 '장기공존, 상호감독'의 범위 내에 머물러 있었다.

그런데 그 이후 공산당을 적극적으로 옹호한 소수를 제외하고는, 소극적 불만을 말한 모든 사람이 '우파' 혹은 '우파 용의자'로서 공민의 권리를 박탈당하고 사회적으로 매장되었다. 그 수는 50만 명 이상에 달했고, 그 화는 그들의 가족에까지 미쳤다.

반우파 투쟁은 비판을 견딜 수 없게 된 공산당이 도화선에 불을 당긴 것이 아니었다. 민주당파의 지도자인 국민당 혁명위원회의 허샹닝(何香凝, 랴오중카이의 부인)이 공산당에 요청한 것이다.

탄압이 시작된 계기는 1957년 6월 1일에 ≪광명일보≫ 편집장인 추안핑(儲安平)이 베이징의 중앙좌담회에서 '당천하(黨天下)'라고 거론하면서 공산당의 일당독재를 비판한 것이었다. 공산당이 민주당파와 '장기공존, 상호감독'을 제창하고 있는데 이 발언을 탄압의 구실로 삼는 것이 가능한지 의문이 들지만, 마오쩌둥과 저우언라이를 승려에 빗대어 "작은 중이 아닌 화상(和尙, 수행을 많이 한 승려)에게 말씀 드린다"[8]라고 쓴 추안핑의 표현이 중화인민공화국의 근본원리인 프롤레타리아 독재에 대한 정면도전으로 받아들여진 것이다.

추안핑의 발언내용을 사전에 입수해서 알고 있었던 것인지, 탄압을 두려워한 허샹닝은 서면 의견을 6월 1일 중앙좌담회에 제출했다. 의견서는 공산당 통일전선부장 리웨이한에 의해 대독되었는데, 허샹닝은 자신들을 민주당파의 좌파라 정의하며 대다수의 민주당파는 애국심은 있지만 방향이 정해지지 않은 중간파이며, 극히 소수의 사람은 구미식

8 원문은 다음과 같다. "最近大家對小和尙提了不少意見, 但對老和尙沒有人提意見. 我現在想擧個例子, 向毛主席和周總理請教."

정치를 동경하는 우파라고 서술했다. 그리고 공산당에게 좌파와 단결하여 중간파를 설득하고, 우파를 교육하고 비판하자고 요구했다.

허샹닝이 선수를 쳐서 자신의 지위를 지키려고 한 것인지, 혹은 공산당과 연락해서 행동한 것인지는 알 수 없다. 그렇지만 그 이후 공산당은 6월 15일을 기해 반우파 투쟁을 시작했다. 7월 1일에 ≪인민일보≫에 "우파는 반(反)인민, 반(反)사회주의의 부르주아 반동파다"라는 논설이 등장했다. 그리고 8월에는 농촌에서, 9월에는 도시의 공영기업 안에서 반우파 투쟁이 진행되었다. 이렇듯 사회의 구석구석에서 '우파'를 적발하는 운동이 1957년 말까지 계속되었다.

지식은 모두 악이다

반우파 투쟁에 의해 민주당파는 완전히 힘을 잃는다. 민주당파의 중심인물이자 민주동맹부 주석이었던 장보쥔(章伯鈞, 국무원 교통부장)과 뤄룽지(羅隆基, 국무원 삼림공업부장)는 공산당으로부터 정치 지도권을 탈취하기 위해 동맹[뤄장동맹(羅章同盟)이라고 부름]을 조직했다는 비판을 받았다.

장보쥔은 공산당으로부터 지도권을 탈취하기 위해 '정치 설계원' 수립을 계획했다고 비판받았다. 그러나 사실은 헌법상에 규정되어 있는 정치협상회의, 인민대표대회, 민주당파, 인민단체의 의견을 정책에 반영하자고 제언한 것뿐으로, 이것으로 공산당의 독주를 방지할 수 있다고 서술한 것이다. 동일하게 뤄룽지 역시 성급한 지도에 의한 급격한 사회주의화는 불가능하다고 서술하고, 행정조직의 각 부문에 실질적인 책임을 부여해 정책수행에 대해 토론하자고 요구한 것뿐이었다.

그들의 행동은 공산당이 제창했던 '장기공존, 상호감독'의 범위 안에서 이루어졌다고 보아야 할 것이다. 뤄룽지와 장보쥔 사이에는 뤄장동맹 등의 조직이 존재하지 않았기 때문이다. 두 사람이 계획적으로 공산당으로부터 권력을 탈취하려고 하지 않았다는 것은 그들이 비판의 표적이 되자 곧 자기비판하고, 어떤 기개도 보이지 않았던 것에서 명백하게 드러난다.

그렇지만 체제의 확립기에 있던 공산당의 입장에서 보면 '장기공존, 상호감독'과 '정풍운동'을 제창하기는 했지만 당의 권위를 흔들 의도는 없었기 때문에, 장보쥔과 뤄룽지의 발언은 자신들의 권위에 대한 도전이었다. 그리고 공산당에 소극적인 불만을 말한 사람들도 이 점에서는 같은 죄를 저지른 것이다.

그 이후 과학기술, 경제, 정치 등 넓은 분야에 걸친 각종 '지식'마저 반(反)사회주의적이라고 공격받는 비정상적 상황이 마오쩌둥의 리더십과 함께 출현했다. 지식인의 다수가 우파라면 그 지식도 우파적이므로 신용할 수 없다는 것이다.

기존 과학지식으로 보면 공산당의 사회주의 건설은 각종 약점과 왜곡을 동반하고 있었다. 반우파 투쟁으로 경직되고 어떤 비판도 허락하지 않게 된 공산당은, 이 약점과 왜곡을 시정하려고 하는 건설적인 의견에 대해서조차 반당·반사회주의의 낙인을 찍고 만다.

경제학자 마인추(馬寅初, 베이징대학 학장)가 인구문제의 관점에서 공산당이 지도하는 사회주의 건설의 약점을 지적하자, 이론은 무시된 채 비판을 받은 것은 그 좋은 예이다.

마인추는 1957년 7월 『신인구론』을 발표하여 인구증가를 억제하지 않으면 식료품 생산의 증가분이 인구증가분에 흡수되어 실질적인 발전을 기대할 수 없다고 지적했다. 마인추는 오늘날의 인구문제를 꿰뚫어

본 것이지만, 오히려 인구가 많은 것은 유리한 요인이라는 비과학적인 각종 비판이 마오쩌둥의 견해를 바탕으로 1958년 봄부터 출현했다. 그 결과 마인추는 1960년 베이징대학 학장을 사임하고 실각한다.

그 이후 중국의 인구 정책은 방치된 상태였으며, 1975년이 되어서야 한자녀 정책이 실시되지만 중국의 인구문제는 이미 해결이 힘든 상황이었다.

마인추는 마오쩌둥 사후인 1979년에 명예가 회복되었고 그의 저서 『신인구론』도 출판되었다.

대약진 정책이 그린 몽상

공산당은 반우파 투쟁 이후 지식인과 결별할 의지를 보이는가 싶을 정도로, 마오쩌둥의 지령에 따라 '대약진 정책'이라고 불리는 '지식'을 무시한 급격한 사회주의화를 단행한다.

1958년 5월 공산당 제8차 전국대표대회 2차 회의에서는 제2차 5개년 계획을 발표하고, 공업과 농업의 비약적 발전을 주요목표로 내걸며 대약진 정책을 개시했다. 공업성장률은 매년 30% 전후, 농업성장률은 15% 전후로 설정되어 공업생산액에서 15년 안에 영국을 추월할 것이 제기되었다. 그리고 철강과 석탄 그리고 식료와 면화의 증산이 발전의 주요항목이 되었다.

8월에는 수치 설정이 더욱 대담해져 공업성장률은 매년 50% 전후, 농업성장률은 30% 전후가 되었다. 그 결과 1958년도의 철강 생산량은 기존의 620만 톤에서 1,070만 톤으로 증량되었는데, 실제로는 당시의 제철설비로 달성이 불가능한 수치였다.

이러한 상황에서 생각해낸 '기발한 책략(奇策)'이 토법제강(土法製鋼)[9]

이었고, 민중이 제철운동에 동원되었다.

공산당은 이전부터 생산관계를 변혁하고 사회주의화를 추진하기 위해 민중을 동원하는 각종 사회운동을 전개해왔다. 하지만 향상되어야 할 생산력은 향상되지 않고 기존의 생산력마저 발전이 저해되고 있었다. 이 막다른 상태를 타파하기 위해 마오쩌둥 유파의 주관능동성(54쪽 참조)에 기초한 민중의 대동원과 토착기술을 짜 맞춘 새로운 생산양식이 도입된 것이다. 하지만 주관능동성이 과학적인 지식과 기술(오늘날의 중국에서는 객관규율이라고 부름)의 대체물이 되는 것은 불가능했고, 마오쩌둥의 계획은 처참한 실패로 끝난다.

1958년 9월 5일 ≪인민일보≫는 "전력으로 철강 산업을 보증하자"는 제목의 사설을 게재하고, 모든 업무에 우선해 제철운동에 참가할 것을 민중에게 요구했다. 이어 마오쩌둥도 안후이성과 장쑤성의 기업을 시찰하고, 민중이 제철운동에 참가할 것을 촉구했다. 그 결과 전국에서 100만 개 이상의 소형 용광로가 생겨났고 9,000만 명 이상이 제철운동에 참가했다. 제철에 필요한 석탄 증산에도 토법의 활용과 민중의 참가가 추진되어 10만 개 이상의 소규모 탄전(炭田)이 생겨났다. 간부를 포함한 남녀노소가 제철과 석탄채취에 종사했으며 ≪인민일보≫는 토법제강을 칭찬했다.

10월에는 야금부(冶金部)가 전국 토법제강대회를 열어 석탄을 대신해 목재와 목탄을 사용하는 저온제철법을 제안하며, 생산되는 철의 품질을 자부했다.

---

9 자가제(自家製)의 작은 용광로를 이용한 제철을 의미하며, 토법은 민간기술, 토착기술을 지칭한다.

대약진 정책에서는 도달목표만 혼자 앞서 나가고 있었다. 공산당은 1958년 철강 생산량을 1,108만 톤이라고 발표했지만 실제로 생산된 것은 800만 톤이었다. 게다가 이 800만 톤 중에 토법제강에 의한 300만 톤은 불순물이 많아 쓸 수 없는 것이었다. 제철운동에 참가한 민중은 냄비와 가마 등 일상생활에 쓰는 철제품을 원료로 사용했다. 그리고 석탄의 부족을 보충하기 위해 산림을 마구 베었다. 대약진 정책이 중국의 공업발전에 가져온 것은 장대한 헛수고였다.

이 쓸데없는 일을 만들어낸 것은 공산당의 지시를 위반하여 처벌받을 것을 두려워한 민중의 공포심과 상급간부의 의향을 만족시키려고 한 하급간부의 우직한 충성심이었다. 그리고 이러한 모든 것의 정점에 카리스마적 독재자인 마오쩌둥이 있었다.

농업경작 방법에서는 비약적인 생산 증가를 가져왔다는 미명 아래 심경밀식(深耕密植, 깊게 경작하고 빽빽하게 심음)이 도입되었다. 1958년 7월 농업부 주최 전국회의에서는 경지를 50cm 이상 깊게 경작하고, 토양이 양호한 경지에서는 70cm에서 1m 이상의 깊이로 경작할 것을 결정했다. 공산당 중앙은 8월 말에 심경밀식을 전국에 지시했다. 이윽고 ≪인민일보≫ 지상에는 밀과 올벼의 대량증산 기사와 더불어 '사람은 일하고 싶을 때 일하고, 원하는 만큼 얻는다'는 '생산력이 무한히 높아진' 이상적 공산주의 사회로 향하고 있음을 시사하는 기사까지 났다. 농촌의 인민공사화운동은 이와 같은 열광 속에서 추진된 것이다.

그러나 농업기술을 고려하지 않은 의욕뿐인 대량증산은 수개월 지나지 않아 파탄났다. ≪인민일보≫가 보도했던 대량증산은 상급의 요구에 응답하려는 현장간부의 엄청난 과장보고였으며 생산활동은 진척 없이 공전하고 있었다.

마오쩌둥의 좌절

머지않아 대약진 정책의 거대한 대가가 뚜렷이 드러났다. 농민이 도시의 제철운동 등에 참가한 결과 본래 농작업에 투입되어야 할 노동력이 감소했고, 농업생산력은 저하되기 시작했다. 한편 공업활동의 확대에 따라 증가한 도시인구를 처리하기 위해 정부는 농민에게서 식료품을 대량으로 사들였고, 농촌의 보존 식료품은 감소했다. 인민공사의 공공식당에서는 무료 식사가 제공되어 재생산될 종자까지도 소비되었다.

이러한 배경에서 농촌에서는 1959년부터 1961년까지 대기근이 발생했으며, 사망자는 기록에 따라 2,000만 명에서 3,000만 명까지도 보고된다. 그렇지만 농촌에서 수탈한 식료품을 배급받고 있던 도시에서 사망자가 생겨나는 일은 없었다.

농촌에서 대량 아사자가 속출하자 마오쩌둥은 1958년 12월 스스로 국가주석의 직무에서 물러났다. 그리고 다음해 1959년 4월 류사오치가 새로운 국가주석에 취임했지만, 대약진운동은 계속되었다. 이어 7월에 장시성의 루산(廬山)에서 열린 정치국 확대회의에서, 마오쩌둥은 문제점을 인정하면서도 대약진 정책은 커다란 성과를 거두었다고 자화자찬했다. 이에 대해 국방부장인 펑더화이(彭德懷)가 마오쩌둥에게 의견서를 보냈는데, 기본적으로는 대약진 정책을 긍정하며 마오쩌둥의 체면을 세워주면서도, 궁핍한 경제상황의 현실을 언급하면서 완곡하게 대약진 정책의 수정을 요구했다.

하지만 마오쩌둥은 격노하여, 이어 개최된 중앙집행위원회 전체회의에서 펑더화이와 이에 동조한 사람들을 우경 기회주의 반당 집단으로 몰아 실각시켰다. 그리고 공산당은 대약진 정책의 지속만을 확인했을 뿐 근본적 문제를 해결하려는 시도는 하지 않았다. 그 결과 1960년 전반에는 대도시에까지 인민공사제도가 확대된다.

대약진 정책은 1962년이 되어서야 겨우 종지부를 찍었다. 1962년 1월에 공산당 중앙확대공작회의가 베이징에서 열렸고 7,000명이 참가했다. 회의에서는 류사오치가 제출한 서면보고에 대해 참가자들의 토론이 진행되었다. 1월 26일에 작성되어 수정의견까지 반영된 서면보고였는데, 그 내용은 대약진 정책의 결점을 지적하면서도 "우리에게는 풍부한 경험이 있으며 ……, 당중앙도 마오쩌둥 동지의 지도하에 모든 어려움을 극복하고 승리를 향해 전진해나가자"고 끝맺었다. 완곡하게 마오쩌둥의 용퇴를 기대하는 것이었을지도 모른다. 이어 30일에는 마오쩌둥이 대약진 정책에서의 자신의 오류를 자기비판했다.

이후 류사오치와 덩샤오핑의 지도 아래 대약진 정책에 의해 비정상적으로 비대해진 경제활동에 대한 조정 정책이 추진되었다. 이 정책의 요체는 도시인구의 삭감(농민을 농촌으로 되돌림), 기본 건설 사업의 축소, 농업생산의 회복과 발전(인민공사의 공유화 정도를 낮추어 농민의 생산 의욕을 이끌어냄), 시장의 안정, 적자 재정의 극복 등이었다. 그 결과 1964년 말 제3기 전국인민대표대회 3차 회의에서는 국무원 총리인 저우언라이가 기본적인 틀이 정립된 조정 정책을 보고하게 된다.

이대로 전진했다면 중국에는 현재의 개혁·개방 정책에 가까운 상황이 의외로 빨리 출현했을지도 모른다. 그렇지만 이후 마오쩌둥의 지도 아래 1966년부터 10년간 문화대혁명이 전개되어, 중국사회는 혼란의 극단에 내던져진다.

3. 문화대혁명이 의미하는 것

혁명 전야의 세력도

마오쩌둥은 류사오치와 덩샤오핑이 지도하는 경제조정 정책이 자본주의로의 길을 걷는 수정주의의 출현이라고 생각했다. 그리고 이를 저지하기 위해 문화대혁명을 일으킨다. 문화대혁명의 정식 명칭은 '프롤레타리아 문화대혁명'으로, 1966년 8월 중국공산당 8기 11중전회(제8기 중앙위원회 제11차 전체회의)에서 개시가 결정되어, 1976년 9월 마오쩌둥의 사망으로 비로소 끝난다. 그리고 1981년, 덩샤오핑은 문화대혁명은 마오쩌둥의 만년의 오류라고 철저히 부정한다.

문화대혁명이 일어난 배경에는 국내적 요인뿐 아니라 중국과 소련의 대립도 영향을 끼쳤다. 독재자 스탈린의 사망(1953년) 후에 권력을 장악했던 흐루쇼프는, 중국과의 상의 없이 스탈린을 비판했다(1956년). 또한 서방 측 여러 나라와의 평화공존 노선과 의회를 통한 사회주의로의 평화적 이행을 제창하고, 중국의 대약진 정책을 비판했다. 그 결과 마오쩌둥은 흐루쇼프에게 커다란 반감을 품었다. 1959년 7월의 루산회의에서 마오쩌둥이 대약진 정책에 대한 펑더화이(국방부장)의 의견서에 격노한 배경에는, 펑더화이가 직전의 동유럽 방문에서 흐루쇼프와 회의를 했다는 사실이 일조했다고 할 수 있다. 그리고 1960년부터는 서방 측 여러 나라와의 평화공존 노선과, 의회를 통한 정치개혁의 시비를 둘러싼 중국과 소련의 논쟁이 시작된다.

이와 같은 상황을 배경으로, 마오쩌둥은 소련의 특권화된 공산당 관료는 수정주의의 길을 걷고 있으며 중국에도 같은 사태가 출현하고 있다고 생각했다. 마오쩌둥에 의하면, 중국인구의 약 5%를 지주·부농·자본가(출신자)와 반혁명분자, 우파분자가 점하고 있으며, 그들은 공산당 내부에도 잠입해 있었다. 이 사람들은 특권화된 공산당 관료를 중심으로 결국 중국을 자본주의로 변질시키고 만다. 그렇기 때문에 사회주의 중국의 변질을 막기 위해서는 계급투쟁을 고취하여 그들과 투쟁해야 하는 것이다.

그 결과 마오쩌둥은 1963년부터 농촌에서, 이듬해 1964년부터는 도시에서까지 공산당 간부의 관료주의를 비판하고 계급투쟁을 고취하는 '사회주의 교육운동'을 추진했다. 이에 더해 제국주의의 침략전쟁에 대비할 것을 강조하고, 연안부터 내륙지역까지 3개의 방위선을 구축하여 싸우는 국방계획(국방 3선 건설)을 입안했다.

마오쩌둥은 1964년 6월에 베이징에서 공작회의를 소집하고, 사회주의를 수호하는 계급연합인 '빈농·하층중농 협회'를 조직할 것을 결정했다. 중농이란 부농과 빈농의 중간에 위치하는 계층으로 이전까지는 부농과 똑같이 취급되었다. 마오쩌둥은 중농을 둘로 나눠 하층부분을 빈농의 편으로 만든 것이다. 이 회의에서 마오쩌둥은 "농촌과 도시 권력의 3분의 1이 우리 손에는 없고, 적의 손에 쥐어져 있다"고 발언했다.

경제조정을 추진했던 류사오치와 덩샤오핑은 표면적으로는 '사회주의 교육운동'을 내세웠지만, 면종복배(面從腹背)의 태도를 취해 운동의 무력화를 노렸고 마오쩌둥은 점차 소외되기 시작했다. 이윽고 1962년 8월에는, 류사오치의 옛 저서 『공산당원의 수양을 논한다(論共産黨員的修養)』(1939년 초판)가 수정 후 다시 정정을 거쳐 간행되어 공산당원의 필독문헌으로 지정되었다. 이 해 『마오쩌둥 선집』은 인쇄되지 않았다.

마오쩌둥은 펑더화이의 후임으로 국방부장에 취임시킨 린뱌오를 자신의 편으로 만들어, 인민해방군 안에서 마오쩌둥 사상을 선전하고 자신의 개인적 위신을 회복하려고 했다. 1964년 5월에는 해방군 총정치부가 『마오 주석 어록』을 인쇄하고 병사들에게 배부했다.

이런 기운을 몰아 마오쩌둥은 '사회주의 교육운동'을 추진한다. 그리고 1964년 말부터 1965년에 걸쳐 베이징에서 개최된 전국공작회의에서 운동의 중점은 "당내의 자본주의의 길을 걷는 실권파를 치는" 것에 있다는 문장이 채택되어 운동방침 안에 기입되었다. 이렇게 해서 다음해 1966년부터 류사오치와 덩샤오핑을 최대의 적으로 삼는 문화대혁명이 개시된다.

문화대혁명의 이론구조

문화대혁명은 교묘한 전략이론에 기초해 있었다. 최대의 이론과제는 사회주의 체제를 유지한다는 목표 아래 권력을 장악하고 있는 다수의 공산당원에게 어떤 구실을 붙여 그들을 사회주의의 적으로 만들고, 그 타도에 '혁명성'을 부여할 것인가였다.

'출신계급'을 끄집어내는 기존의 방법은 지주 가정과 자본가 가정 출신자인 지식인에게는 유효했다. 하지만 공산당원 중에는 노동자 출신과 빈농 출신도 다수였기 때문에 '출신계급'에 기초해 공산당원을 사회주의의 적과 아군으로 분류하는 것은 어려웠다.

여기서 등장한 것이 '부르주아 법권'이다. 법권이란 법률적 권리라는 의미이다. 마르크스는 자본주의 사회에서 분배상의 불평등이 법률적 권리로 규정되고 있는 상황을 비판하고, 이것을 부르주아적 권리라고 명명했다. 마오쩌둥은 이러한 마르크스의 비판을 채용해서, 사회주의 사회에서 특권에 따라 생기고 있는 분배상의 불평등은 자본주의 사회에서의 불평등과 같은 성질의 것이며, 이 불평등을 누리는 특권 간부들은 부르주아적 성향의 부르주아 분자라는 생각을 품게 되었다.

다소 비논리적인 사고지만, 특권을 가진 것은 부르주아적이고 프롤레타리아의 적으로 간주된 것이다.

이에 더해 이 적에 대한 공격은 문화라는 상부구조(49쪽 참조)를 돌파구로 해야만 했다. 중국사회의 토대(49쪽 참조)는 이미 지주와 자본가의 소멸에 따라 사회주의화되었기 때문에 이제는 새로운 혁명의 돌파구가 될 수 없었다.

그리고 상부구조는 토대에 의해 규정되는 존재라는, 마르크스주의 이론이 채용된다. 중국사회의 토대는 사회주의적 변화를 달성했지만 상부구조는 변하지 않았기 때문에, 이 상부구조를 사회주의의 토대에 대응하는 새로운 상부구조로 변혁시켜야 한다는 것이다.

심지어 과거의 상부구조를 그대로 두면 마침내 토대마저 침식되어 중국사회는 옛 토대로 되돌아가 버린다는 관점이 덧붙여졌다. 마오쩌둥은 사회변혁의 실현을 위해서는 먼저 여론을 만들어내고, 그 여론을 축으로 사상운동을 전개해서 구태의연한 상부구조를 바꾸어야 하며, 이를 통해 비로소 옛 토대도 변혁된다[10]고 생각했기 때문에 이 관점은 당연한 귀결이었다. 사회주의의 적이 된 공산당원들은 옛 상부구조를 확대·발전시켜 가면서 사회주의의 토대를 붕괴시키려 하는 것이 분명했다. 마오쩌둥은 자신의 그림자에 겁먹었다고도 할 수 있을 것이다.

이렇게 해서 옛 상부구조의 담당자인 지식인들이 가장 먼저 혁명의 대상이 되고, 이어서 이들 지식인의 존재를 용인해왔던 공산당원 간부

---

10 Stuart R. Schram, 『毛澤東の思想』, p. 20. 소위 말하는 주관능동성이다.

들의 정치적 입장을 문제 삼아 타도한 것이다.

이상의 이론구조를 바탕으로 '프롤레타리아'적이며 '문화'를 돌파구로 하는 프롤레타리아 문화대혁명이 개시된다.

1966년 8월 8일, 중국공산당 8기 11중전회는 「중국공산당 중앙위원회의 프롤레타리아 문화대혁명에 대한 결정」(이하 결정으로 약칭)을 채택했다. 「결정」의 첫머리에는 다음과 같이 써 있다.[11]

> 부르주아 계급이 타도되었다고는 해도 착취계급의 구사상, 구문화, 구풍속, 구습관[4개의 낡은 것=사구(四舊)]은 대중을 해치고, …… 부활하려 하고 있다…….
>
> 프롤레타리아 계급은 …… 이데올로기 분야에서 부르주아 계급의 도전에 맞서 싸우고, 프롤레타리아 계급의 신사상, 신문화, 신풍속, 신습관에 따라 사회전체의 정신적 양상을 개조해야만 한다. 우리의 목적은 자본주의의 길을 걷는 실권파를 투쟁에 의해 쳐부수고, 부르주아 계급의 '반동적 학술 권위자'를 비판하고, …… 교육을 개혁하고, 문학·예술을 개혁하고, 사회주의의 경제적 토대에 적응하지 않는 모든 상부구조를 개혁하여, 사회주의 제도의 강화와 발전에 역할을 다하는 것이다.

문화대혁명은 이상의 시나리오대로 진행되었는데, 자본주의의 길을 걷는 실권파란 마오쩌둥을 소외시키는 류사오치 등의 공산당 관료를 의미했다. 그리고 부르주아 계급의 '반동적 학술 권위자'라는 이름 아

---

11 생략부호와 괄호는 필자가 작성한 것이다.

래 지식인과 그들의 지식 전체가 비판받았고, 문화는 멸망의 위기에 직면했다.

프롤레타리아 문화대혁명에서는 프롤레타리아적이고 혁명적이라는 증명으로 마오쩌둥에 대한 충성이 요구되었다. 지배자인 공산당원을 타도하기 위해서는 이론을 초월한 절대 권위가 필요했고, 사람들의 감성에 호소하는 개인숭배가 선동되었던 것이다.

민중 간의 대리전쟁

문화대혁명에서 '사구'라고 비판된 구사상, 구문화, 구풍속, 구습관을 맹렬히 공격한 이들은 홍위병이라고 불린 대학생과 고등학생이었다. 홍위병의 홍(紅)은 혁명을 상징하는 색으로, 혁명의 병사라는 의미이다. 홍위병은 1966년 5월에 베이징의 칭화대학 부속고등학교 학생들을 명명한 것이 그 시작이라고 알려져 있는데, 이들은 눈 깜짝할 사이에 전국에 출현하여 홍위병의 대규모 교류가 시작되었다.

마오쩌둥은 1966년 8월부터 연말까지 전국 각지에서 잇달아 베이징에 결집한 수백만 명의 홍위병들을 8회에 걸쳐 천안문 광장에서 접견하고 그들이 혁명의 병사라는 보증을 해주었다. 이에 따라 홍위병은 살인을 포함한 여러 행위들을 혁명의 미명하에 할 수 있었다. 저우언라이가 이끄는 국무원은 홍위병에게 베이징까지의 기차 운임을 무료로 제공하기로 결정했다.

홍위병의 폭력은 표면상으로는 마오쩌둥의 권위에 의지하고 있었지만, 실제로 그것을 누릴 수 있도록 한 것은 인민해방군의 무력에 의한 후원이었다. 문화대혁명 개시 직전인 1966년 7월 18일부터 20일 사이 베이징은 린뱌오의 부대에 의해 점령되었다. 이에 따라 홍위병이 국가주석이었던 류사오치까지도 집단 폭행하는 것이 가능했던 것이다.

베이징 군사점령에 대해 류사오치도 군대를 동원해 대항조치를 시도하여, 그 당시에 내전의 위기가 존재했다고 한다. 인민해방군에는 제1부터 제4까지의 야전군과 화북 야전군 등의 5개 군사집단이 있었고 저마다의 세력기반을 다져오고 있었다. 대약진을 비판해 실각한 전 국방부장 펑더화이는 제1야전군 출신이고, 린뱌오는 제4야전군을 이끌고 있었다.

베이징의 홍위병은 1966년 8월부터 행동을 개시했다. 상점에 내걸린 전통적인 간판을 깨부수고, 옛 거리와 건물의 이름을 혁명적 이름으로 고치고(번화가인 왕푸징 거리를 '혁명로'에서, 다시 '인민로'로 개명함), 지주와 자본가였던 사람들의 가옥에 떼를 지어 침입해 가택수색을 하며 옛 문물을 압수하거나 파괴했다. 이에 더해 실권파라고 비난받은 공산당 간부와 다수의 저명한 지식인들을 체포하고, 비판 집회를 열어 집단 폭행했다.

홍위병의 행위는 문물 파괴와 집단 폭행에 그치지 않았다. 옛 지주와 자본가, 또 그 아들과 손자, 이에 더해 실권파 특권 간부와 지식인들이 홍위병에 의해 살상되었다. 국가주석이었던 류사오치조차 홍위병의 조롱거리가 되어 심신이 피폐해졌고 결국 사망했다.

문화대혁명의 이론에 따르면, 옛 지주와 자본가, 또한 그 공산당 내의 대리인인 실권파 특권 간부와 지식인들은 옛 문화를 사회에 침투시킴으로써 권력을 다시 뺏으려고 한다. 이와 같은 사회주의의 적은 육체적으로 말살시켜야 하며 그것이야말로 혁명인 것이다.

문화대혁명은 마오쩌둥에 의해 지휘되었지만, 각 방면에서 큰 역할을 한 것은 오늘날 '4인방'이라 부르는 장칭, 왕훙원, 장춘차오, 야오원위안이었다. 마오쩌둥의 부인인 장칭은 여배우 출신이었는데, 전통적인 경극 내용을 중국혁명을 소재로 하는 프롤레타리아적 내용(혁명적 현대경극)으로 고치는 데 애썼다. 왕훙원은 상하이의 노동자 출신이다. 장춘차오와 야오원위안은 문화대혁명의 이론가로서 중심적인 역할을 했다. 그리고 '4인방'과 대항하면서 군사력으로 문화대혁명을 지탱한 것이 린뱌오의 제4야전군이었다.

문화대혁명은 전국적으로 전개되었다. 그리고 마오쩌둥이 홍위병을 이용해 타도하려고 했던 각지의 실권파의 움직임 또한 교묘했다. 그들은 표면상으로는 문화대혁명을 진행시키면서도, 권력을 보전하는 수단으로 자파(自派)의 홍위병 조직과 노동자 조직을 만들어 마오쩌둥파의 홍위병 조직과 노동자 조직을 공격했다. 그 결과 공산당 내의 분쟁은 소총과 박격포까지 등장하는 민중 간의 대리전쟁으로 전개되었고, 홍위병과 노동자 사이에 엄청난 사망자가 발생했다.

이런 상황이 불만이었던 마오쩌둥은 제4야전군 이외의 중립을 지키고 있던 인민해방군 부대에 상당한 정치적 권한을 부여하고, 그 대가로 군인들을 문화대혁명에 참가시킨 후 자파의 홍위병 조직과 노동자 조직을 지원하게 하려고 했다. 하지만 의도와는 반대로 많은 인민해방군 부대는 마오쩌둥파의 홍위병 조직과 노동자 조직을 공격했다.

정세가 불리하다고 생각한 마오쩌둥은 1967년 가을 이후, 인민해방군이 전권을 장악하는 혁명위원회를 각지의 행정구에 성립시켰다. 이를 기반으로 대립하는 홍위병 조직과 노동자 조직을 화해시키고, 자파의 주도권 아래 체제를 다시 만들고자 했다. 혁명위원회는 1930년대 소비에트구 시대에 공산당이 소비에트구로 이행하기 전 단계의 조직으로 간주되었는데, 30년 후 혼란 속에 재등장한 것이다.

하지만 각지에 성립된 혁명위원회의 내부에서는 실권파의 공산당 간부가 인민해방군과 유착하여 마오쩌둥의 세력을 억압했다. 그 결과 양쪽의 홍위병 조직과 노동자 조직 사이에 다시 무장투쟁이 빈발했고, 결국 1968년 7월 마오쩌둥파의 참패로 끝난다.

마오쩌둥은 9월에는 수렁에 빠진 민중의 무장투쟁을 인민해방군을 이용해 무력으로 종식시켰고, 노동자로 조직된 마오쩌둥 사상 선전대를 학교와 문화기관에 진주시켜 각 기관을 관리하기 시작했다. 그 결과 홍위병은 학교로 돌아갔고 졸업생들은 농촌으로 하방되었다. 그리고 이 상황에 불만을 표시한 홍위병 지도자들을 탄압하면서, 문화대혁명은 일단락되었다.

복잡하고 기이한 권력투쟁

1969년 4월에는 공산당 제9차 전국대표대회가 개최되었다. 문화대혁명의 공적으로 유일한 부주석(보통은 복수)에 취임한 린뱌오가 정치보고를 통해 문화대혁명의 승리를 선언했다. 류사오치는 이미 1968년 10월에 모든 관직을 박탈당하고 공산당에서 제명되었으며, 1969년 11월 12일 고뇌 속에서 사망했다. 마오쩌둥에게 문화대혁명 최대의 성과는 최고의 실권파인 류사오치와 덩샤오핑을 실각시킨 것이었지만, (본래) 목적이었던 공산당 조직의 일신은 이루어지지 않았고 많은 인민해방군을 정치분야에 진출시켰을 뿐이다. 그리고 그 이후 공산당 내에서는 마오쩌둥을 축으로 한 새로운 권력투쟁이 반복되었다.

권력투쟁의 제1라운드는, 공산당 부주석 린뱌오가 정치국 상무위원이 된 천보다와 연합하여 마오쩌둥에 대립한 것이었다. 천보다는 마오쩌둥의 측근으로 '4인방'과 함께 문화대혁명을 추진한 인물이다. 린뱌오는 새로운 헌법에 국가주석직을 만들어 자신이 취임하려고 계획하고 있었는데, 이 때문에 국가주석직을 부활시킬 의사가 없는 마오쩌둥과 대립했다. 그리고 이 대립으로 1971년 린뱌오 사건이 발생했다. 1971년 9월 13일 린뱌오가 마오쩌둥의 암살을 노렸지만 실패하고 부인, 부하들과 비행기로 소련으로 망명하던 도중 몽골에서 추락사한 것이다.

린뱌오 사건 이후 린뱌오 계열의 정치세력은 실각했고, 마오쩌둥의 승인 아래 국무원 총리 저우언라이가 지휘봉을 휘둘러 1973년 3월에는 실각했던 덩샤오핑이 국무원 부총리의 직함으로 부활했다. 하지만 8월에 공산당 제10차 전국대표대회에는 장칭을 포함한 '4인방'이 진출했고 왕훙원이 당 부주석에, 장춘차오가 정치국 상무위원에 선출되었다. 한편 12월에는 마오쩌둥의 제안으로 덩샤오핑이 정치국원 겸 총참모장에 취임하여 경제와 교육의 혼란을 수습하기 시작했다.

그 이후, 마오쩌둥의 통제 아래에서 '4인방'과 저우언라이·덩샤오핑 그룹의 대립이 진행되었다. 마오쩌둥의 입장에서는 경제와 교육을 정돈해야 할 필요는 있었지만 그렇다고 자본주의의 길을 걸어서는 안 되는 것이었다. 마오쩌둥은 1975년 1월에 덩샤오핑을 당 부주석과 정치국 상무위원에 취임시켰지만, 9월에는 '4인방'에 의한 덩샤오핑 비판을 승인한다.

1976년 1월에 저우언라이가 사망하자 마오쩌둥은 화궈펑(華國鋒)을 국무원 총리대행에 취임시켰다. 화궈펑은 농업집단화 추진을 마오쩌둥에게 높게 평가받아 후난성 서기를 거쳐 1971년부터는 국무원에서 근무했고, 그 당시에는 부총리의 한 사람이었다. 국무원 총리대행으로의 취임은 '4인방'과 덩샤오핑 그룹과의 대립을 통제하면서 자신의 최고권력을 유지하려는 마오쩌둥의 정치 전술이었다.

화궈펑은 덩샤오핑 비판을 진행시켰다. 1976년 4월에 저우언라이를 추모하는 민중이 폭동을 일으키자(제1차 천안문 사건), 덩샤오핑은 그 책임을 지고 직무에서 해임되었다. 그리고 화궈펑이 국무원 총리 겸 당 제1부주석에 취임했고, 9월 9일에는 마오쩌둥이 사망했다.

4인방 체포와 덩샤오핑의 대두

마오쩌둥의 죽음으로 새로운 권력투쟁이 표면화되었다. 마오쩌둥 사망 후 한 달가량이 지난 1976년 10월 7일, 당의 권력을 탈취하려 했다는 이유로 '4인방'이 화궈펑에 의해 체포되었다. '4인방' 체포는 화궈펑이 일으킨 쿠데타에 의해 진행되었고, 이는 당의 원로이며 군인이었던 예젠잉(葉劍英) 등의 지지를 받았다. 화궈펑은 곧 당 주석과 군사위원회 주석에 취임하고 국무원 총리를 겸하며 전권을 장악했다.

하지만 그 이후 화궈펑과 덩샤오핑 사이에서 새로운 권력투쟁이 시작되었다. 화궈펑은 마오쩌둥 노선의 충실한 실행자로, '4인방'을 체포했지만 문화대혁명의 '성과'를 부정할 의도는 전혀 없었다. 그리고 마오쩌둥의 결정과 지시는 모두 지켜야만 한다고 주장하며('범시파'라고 불림), 덩샤오핑의 부활을 요구하는 당내 의견을 억누르고 있었다. 덩샤오핑의 해임이 마오쩌둥의 결정이라는 것이 이유였다.

이에 대해 덩샤오핑은 '범시파'의 입장 그 자체가 마오쩌둥 사상을 위반한다고 주장하며, 당과 군의 지지를 얻어 1977년 7월에는 당 부주석, 군사위원회 부주석, 국무원 부총리, 해방군 총참모장의 직무에 복귀했다. 아울러 1978년 5월부터는 실사구시(사실에 기초해 진리를 구함)라는 마오쩌둥의 말을 빌어 '범시파'를 비판했고, 12월의 중국공산당 11기 3중전회(제11기 중앙위원회 제3차 전체회의)에서 현재까지 이어지는 개혁·개방 노선을 확립했다. 이 회의에서 "진리를 검증하는 유일한 기준은 실천이다"라는 방침이 승인되었고, 화궈펑은 자기비판했다.

화궈펑은 그 이후 요직에서 계속 해임되어 1982년에는 일반 중앙위원으로 강등된다. 그렇지만 덩샤오핑과 화궈펑의 권력 교체극에는 유혈이 동반되지 않았다. 공산당원들이 엄청난 유혈과 사망자를 내면서 어떤 성과도 얻을 수 없었던 문화대혁명에서 배운 유일한 지혜였을지도 모른다. 권력교체에 동반되는 유혈 사태가 지긋지긋했던 것이다.

한편 덩샤오핑은 중국공산당 11기 3중전회 이후 개혁·개방 노선을 추진했는데, 그 이론적 기초를 명시하기 위해 사용된 것이 이 책의 첫머리에 나왔던 리인허와 린춘, 그리고 왕샤오창의 논문이다. 덩샤오핑은 1980년 류사오치의 명예를 회복시키고 1981년에는 「건국 이래 당의 약간의 역사문제에 관한 결의」를 채택하여, 중국혁명의 공적이 과오를 훨씬 능가한다고 평가했다.

이어서 1982년에는, 심복인 후야오방(胡耀邦)을 공산당 총서기로 임명하고 자신은 군사위원회 주석에 취임하여 지배권을 확립했다. 류사오치 외에도 다수의 실권파 간부의 명예가 회복되었고, 문화대혁명으로 피해를 입은 민중에 대한 실질적인 조사와 보상, 더불어 가해자에 대한 처벌까지 이루어졌다.

1980년 4월부터 린뱌오·'4인방' 재판이 진행되었다(기소는 11월). 전원 사망한 린뱌오파는 불기소되었지만, '4인방' 중 장춘차오와 장칭은 사형에(나중에 무기징역으로 감형), 야오원위안은 징역 20년에, 왕훙원은 무기징역에 처해졌다. 이후, 장칭은 1991년에 옥중에서 자살했고, 이어서 왕훙원이 1992년 병사했으며, 야오원위안은 1996년에 석방되었다. 장춘차오는 1997년에 징역 18년으로 감형되었고 2005년 88세로 사망했다.

계속 농락당한 지식인들

이 책의 서두에서 서술했듯이, 중국에서는 현재 문화대혁명을 공개적으로 논하는 것이 금지되어 있다. 문화대혁명이 철저히 부정되고 있기는 하지만 책임은 린뱌오와 '4인방'에게 떠넘겨져 있는 상태이다. 문화대혁명은 마오쩌둥이 일으킨 것이고, 저우언라이를 비롯한 많은 공산당원들은 이를 용인했다. 그러므로 엄청난 사상자와 문물의 파괴를 가져온 이 폭력에 대한 책임은 공산당 전체가 져야 마땅하다.

하지만 이러한 형태로 책임을 지는 것은 공산당이 국민에게 사죄하는 것이며, 통치자로서의 체면을 완전히 상실하는 것이다. 그래서 공산당은 문화대혁명을 국민의 기억에서 없애기 위해 애를 쓰고 있다. 그리고 한편으로는 날로 심해지는 빈부격차와 공산당원의 엄청난 부패로 생겨나는 민중의 불만을 돌리기 위해 '역사인식'을 외치고 중일전쟁의 기억을 확대 재생산시켜, 일본에 대한 복수민족주의(復讎民族主義)를 부추기고 있다.

문화대혁명의 최대 피해자는 역시 지식인들이었다. 지식인들은 구체제의 자본가, 지주, 부농의 자제였기에 옛 문화를 지켜서 사회주의 체제를 자본주의 체제로 변질시키려는 수정주의자의 선봉장으로 여겨졌다. 지식인들의 옛 지식은 새로이 생겨나야 하는 프롤레타리아 문화에서는 무가치하고 유해한 것으로 부인되었다. 지식인들이 공산당을 지지하는지 아닌지가 문제가 아니라, 그들의 존재 자체가 부정된 것이다. 그렇기 때문에 그들이 도망갈 길은 없었으며, 육체적으로 말살되는 것을 기다릴 수밖에 없었다.

문화대혁명의 개시 직전인 1966년 4월, 중국과학원 원장이자 문학예술연합회 주석인 궈모뤄(郭沫若)는 전국인민대표대회 상임위원회에서 "오늘을 기준으로, 내가 이전에 썼던 것에는 어떠한 가치도 없다. 모두 태워버려야 한다"고 말했다. 이에 대해 일본에서는 미시마 유키오(三島由紀夫)가 문화탄압이라며 항의성명을 발표하기도 했다. 하지만 궈모뤄는 무슨 일이 일어날지를 예상하고 있었던 것으로, 상대의 기선을 제압하는 자기부정을 통해 있는 힘껏 자기방어를 시도했던 것이다.

문화대혁명 중에 지식인이 겪은 육체적·정신적 학대는 1977년부터 나타난 다수의 문학작품에서 볼 수 있다. 이러한 작품들을 '상흔(傷痕)문학'이라고 한다.

처참했던 일반 민중의 피해

문화대혁명이 끝난 이후, 1980년대 초에 일반 민중이 입은 피해의 실태조사가 행해졌고, 피해자에 대한 보상과 가해자에 대한 처벌이 이루어졌다. 그 당시의 상황을 보여주는 관련 자료들은 현재, 해외에 주재하는 중국인의 문화대혁명 연구에서 찾을 수 있다.

쑹융이(宋永毅)가 엮은 『문혁대도살(文革大屠殺)』[12]에는 문화대혁명의 실정보고가 상당수 수록되어 있다. 쑹융이는 1989년(천안문 사건이 일어난 해) 이래 미국에 주재해왔는데, 1999년 8월에 문화대혁명에 대한 자료 수집을 위해 중국을 방문했다가 체포된 이후 미국 여론의 항의로 2001년 1월에 석방된 인물이다. 2003년 10월에 오사카 '일아협회(日亞

---

12 宋永毅 編, 『文革大屠殺』(香港: 開放雜誌社, 2002).

協會)’[13]의 초대로 교토를 방문해, ‘현대 중국연구회’[14]에서도 강연했다.

『문혁대도살』에는 쑹융이와 함께 미국 주재 작가 장청(章成)이 집필한 「후난성 다오현(道縣) 농촌 대도살」이 수록되어 있다. 장청은 문화대혁명 시기에 참극의 무대가 된 후난성의 다오현에서 생활하고 있었다. 아래에서 그 내용을 소개한다.

다오현은 후난성의 남부에 위치하며, 링링지구(零陵地區, 지구는 현보다 한 단계 위의 행정단위)에 속한 10개의 현 중의 하나이다. 링링지구에서는 1984년에 문화대혁명 중 살인사건을 조사하는 ‘처리문혁 살인유류문제 공작조(處理文革殺人遺留問題工作組)’[15]가 조직되어 1,000명 이상의 간부가 실태조사와 사후처리를 맡았다. 이때 장청은 다시 다오현을 방문해 친구로부터 조사결과에 대한 내부 보고를 얻었다. 그리고 이를 기초로 「후난성 다오현 농촌 대도살」을 집필한 것이다.

다오현에서 문화대혁명은 1967년 7월에 시작되었다. 현성(縣城, 현정부 소재지) 내에 ‘마오쩌둥 사상 홍전사 연합사령부(毛澤東思想紅戰士聯合司令部)’(이하 홍련으로 약칭)와 ‘무산계급 혁명파 투비개[16] 연합지휘부(無産階級革命派鬪批改聯合司令部)’(이하 혁련으로 약칭)가 출현했다. 글의 묘사에서 ‘홍련’은 실권파의 민중조직이고, ‘혁련’은 마오쩌둥파의 민중조직이었던 것을 알 수 있다. 양쪽 세력은 바로 투쟁을 개시했지만 ‘혁련’이

---

13 협회 회장은 일본 긴키복지대학(近畿福祉大學) 오카모토 코지(岡本幸治) 교수이다.

14 연구회 회장은 일본 불교대학(佛敎大學) 요시다 토미오(吉田福夫) 교수이다.

15 문화대혁명 시기에 일어난 살인에 관해 남은 문제 처리를 위한 위원회를 의미한다. — 옮긴이 주

16 우파에 대한 투쟁, 비판, 개조 노력을 뜻한다. — 옮긴이 주

우세하게 되어, 열세인 '홍련'은 8월에는 현성에서 농촌부로 물러났다. 그리고 '홍련'은 '혁련'이 점거하고 있는 현성을 공격할 발판을 농촌에 마련한다는 명목하에, 일명 '사류분자(四類分子, 지주·부농·반혁명분자·열악분자)'의 살해를 시작했다.

문화대혁명의 이론에 따르면, '사류분자'는 사회주의의 천적으로 주저 없이 말살해야 할 존재였다. '사류분자'는 임시로 마련된 '빈농·하층중농 법정'에서 사형 판결을 받고, 총살과 참살(모두 10종류)로 처형되었다. 처형의 이유는 오직 출신계급 때문이었고, 출신계급을 인종으로 바꾸면 나치의 유대인 학살과 유사한 양상이다. 살해된 사람들은 평범한 일상을 보내고 있던 '직원'(155쪽 참조)과 농민이었다.

이렇게 해서 1967년 8월 13일부터 10월 17일까지 4,193명이 살해되고 326명이 자살했다. 자살자 중에는 도망갈 길은 없다고 각오하고 가족 전원이 죽음을 선택한 예도 보고되었다. 1967년 10월은 마오쩌둥이 린뱌오의 제4야전군 이외의 인민해방군 부대를 문화대혁명에 끌어들여 체제를 재건하려고 시도했던 시기이다.

다오현에서의 문화대혁명은 큰 영향력을 발휘하여, 링링지구의 다른 현 내에서도 '사류분자'와 그 자녀까지 처형되었다. 그 결과 문화대혁명 중에 링링지구 전체에서 7,696명이 살해되고, 1,397명이 자살하고, 2,146명이 장애인이 되었다. 10개 현 모두에서 1만 명 가까이 되는 사람들이 사망한 것이다.

가해자였던 빈농·하층중농 출신의 사람들도 1,049명이나 사망했지만, 원인은 대부분 '(사적인 원한이 쌓인) 역사 문제'로 보고되어 있다. 문화대혁명 중에는 혁명의 이름을 빌린 개인적 복수사건이 빈발했는데, 그 결과인 것일까.

연령별로 보면 미성년자가 826명 살해되었고, 최연소는 생후 10일의 아기, 최고령은 78세의 노인이었다. 일가가 모두 살해당한 결과일 것이다.

사망자 중에는 '사류분자'와 빈농·하층중농 이외의 계급성분의 사람이 411명 있다. 마오쩌둥파와 실권파 내부의 민중조직끼리의 항쟁에서 사망한 노동자들일까.

중국에는 행정단위 현이 2,200개 남짓 있다. 링링지구 전체 사망자는 1만 명 정도였는데 이를 참고로 한 개의 현 평균 사망자를 1,000명으로 계산하고 2,200배를 하면, 문화대혁명 중 지방에서의 사망자는 적어도 200만 명이 넘는다.

1985년 봄, 다오현에서도 1,000명 이상이 문화대혁명 중 살인사건 때문에 처형되었다. 사형 판결은 없었고 최고형이라도 10년 전후의 징역이었다. 이때 '사류분자'를 살해한 동기를 심문받은 사람 중 한 명은 "그들은 우리를 착취한 계급, 적(敵)이 아닌가"라고 답했다. "어린이들이 착취한 일은 없지 않나"라고 반론당하자, "사람의 마음은 죽지 않는 것이다. 늦든 빠르든 권리를 회복하려고 한다. 마오쩌둥 주석이 말한 것의 어디가 잘못되었는가"라고 말했다. 같은 죄를 지은 다른 한 사람은 아주 간단하게 "위에서 죽이라고 말했으니까 죽인 것이다. 지금이라도 위에서 죽이라고 하면, 또 죽일 것이다"라고 답했다.

장청은 "오늘날의 위정자는 이 말을 듣고, 어떤 감상을 품을 것인가"라고 끝맺고 있다.

문화대혁명을 다시 생각한다

일본의 중국 연구 경향에서, 문화대혁명을 중국근대사에서 자주 나타났던 전통문화를 부정하는 사상운동으로 파악하는 움직임이 생겨나고 있다고 들었다. 그러나 이와 같은 연구 자세는 문화대혁명이 만들어낸 엄청난 파괴와 사망자들에 대한 무감각의 소치일 뿐이다.

문화대혁명은 중국 사회주의 혁명에서 저질러진 최대의 비극이었다. 여기에는 전통적 요소와 외래의 요소가 혼재되어 있다. 마오쩌둥에 대한 충성이 혁명정신의 기준이 된 것은, 황제에 대한 충(忠)을 최고의 정치윤리로 두었던 전통정신의 부활이었다. 그렇지만 계급투쟁을 통해 상부구조(문화)를 토대에 일치시키고 사회주의 사회의 변질을 막으려고 했던 전략은, 외래의 마르크스주의가 왜곡되어 해석된 결과이다.

문화대혁명은 그 이름대로 문화 방면(상부구조)에 머물렀고, 토대를 파괴해버리는 일은 없었다. 그 결과 문화대혁명 중에 중국의 생산활동은 대량의 아사자가 발생한 1950년대 말의 대약진운동과는 달리, 사람들의 생존을 보장할 정도의 안정 수준을 유지하고 있었다. 문화대혁명 이후 중국 정부의 공식보고에는 문화대혁명 중의 경제성장을 지적하고 있고, 이는 일본의 중국경제 연구자들도 인정하고 있다. 저우언라이 등의 실무관료의 노력과, 정치운동이라면 지긋지긋했던 다수의 중국민중의 지혜의 결과인 것일까.

문화대혁명은 수많은 사상자를 만들고 문화를 멸망의 위기에 빠뜨린 것 이외에는 그 어떤 것도 달성하지 못했다. 중국공산당이 말하는 '10년의 재해'인 것이다. 하지만 문화대혁명을 전면적으로 부정하고 추진한 현재의 개혁·개방 정책의 결과로 중국사회에는 엄청난 '농촌의 병폐', '빈부격차의 확대', '특권 간부의 부패'가 나타났고, '중국 특색의 사회주의'라고 말하는 '자본주의'가 부활했다. 이러한 사태를 눈앞에 둔 현시점에서 아래에서 소개하는 야오원위안의 예언은 문화대혁명의 잔혹했던 과정은 잠시 제쳐놓더라도, 그 '합목적성'에 대해서 다시 생각하게 만든다.

야오원위안은 1975년 공산당 기관지 ≪홍기(紅旗)≫에 기재된 논문 「린뱌오 반당집단의 사회적 기초를 논한다(論林彪反黨集團的社會基礎)」에서, 특권화된 지도간부의 이기적이고 부패한 행동을 길게 서술한다. 그리고 문화대혁명이 목적으로 하는 '부르주아적 권리'의 파기와 '물질자극(생산의욕을 높이기 위해, 물질적 보수로 노동자와 농민을 자극하는 것)'이 이루어지지 않으면, 중국 사회주의에는 다음과 같은 상황이 발생한다고 말한다.

> …… 자본주의의 돈벌이와 …… 공공의 것의 사유화, 투기거래, 오직과 부패, 절도와 뇌물 등의 현상도 발전하기 시작할 것이다. 자본주의의 상품교환 경제원칙이 정치생활에 진입하고, 당내의 생활에도 영향을 미친다. 그리고 사회주의 계획경제를 와해시켜, 상품과 화폐를 자본으로 바꾸고 노동력은 상품이 되어버리며 결국 자본주의의 착취행위가 생겨난다. …… 그리고 부르주아지의 경제력이 일정한 정도까지 발전한 때에, 그 대리인은 정치적 통치를 요구할 것이고, 프롤레타리아 독재와 사회주의 제도를 전복해 사회주의 소유제도를 전면적으로 변화시키고 공연히 자본주의 제도를 부활시켜 발전시킬 것을 요구하게 될 것이다.[17]

오늘날 중국의 상황을 보면, 야오원위안의 예언이 거의 적중한 것으

17 Stuart R. Schram, 『毛澤東の思想』, pp. 240~241.

로 보인다. 빗나간 것은 공산당 외부에서 발생한 부르주아지(자본가)가 공산당 내의 대리인을 통해 자본주의 제도를 부활시키려고 하는 것이 아니라, 공산당원이 적극적으로 자본가로 변신하고 (이 책의 서장 참조) 심지어 외부의 자본가까지 공산당 내에 끌어들였다는 점뿐이다.

중국 사회주의 혁명의 행방

중국 사회주의 혁명은, 문화대혁명을 시작으로 사회적 평등을 실현하겠다는 이상을 추구했다. 하지만 거꾸로 생활력은 낮아졌고, 오늘날 '평균주의'라고 비난받고 있는 '빈곤의 공유'를 가져왔다. 그리고 현실적인 관점에서 개혁·개방 정책을 단행하자, 생활력은 향상되었지만 엄청난 '빈부격차'와 관료들의 심각한 부정부패를 불러일으켰다.

성립 당초 중화인민공화국의 토대가 봉건시대에서 기본적으로 변화하지 않았기에, 상부구조로서의 봉건주의의 발생은 운명지어져 있었다. 그리고 새롭게 사회주의가 외래요소로서 덧붙여진 결과, 상부구조는 봉건주의와 사회주의의 혼합물로 존재하게 되었다. 이러한 상황에서 프롤레타리아 독재와 계급투쟁에 의해 사회주의화가 진행되었지만, 실제로 출현한 것은 봉건주의적인 '인치'였고, 법률을 완전히 무시하는 사태가 사회주의의 이름 아래 전개되어 인적 피해는 무제한으로 확대되었다. 문화대혁명의 비극이다.

또한 외래의 계급투쟁 이론에 기반하여, 구체제의 지배계급 출신이라는 이유로 지식인들을 배제했기 때문에 생산수단의 개혁에 필요한 기술지식은 고갈되었다. 그 결과 사회주의의 추구는 객관적 과학지식에 기반을 둔 생산수단의 개혁이 아닌, 주관적인 정치 이데올로기에 고취된 생산관계의 개혁에만 초점이 모아졌다. 그리하여 생산력과 생산수단의 균형이 깨지고, 생산력은 저하되었다.

개혁·개방 정책 아래, 생산력을 향상시키기 위한 자본주의적 생산양식이 도입되었고 결과적으로 생산력 향상에는 성공했다. 하지만 자본주의 때문에 발생한 빈부격차를 법률적으로 규정하는 분배시스템('부르주아적 권리'이다!)이 확립되어 있지 않아, 봉건시대의 '인치'가 횡행하여 빈부격차는 무제한으로 확대되고 사회불안이 증대되고 있다. 게다가 이러한 불안을 사회주의적 프롤레타리아 독재이론에 근거를 둔 공산당의 일당독재로 계속 억제했기 때문에, 정치와 사회의 각종 모순은 전혀 해소되지 않고 있다.

중국공산당의 정치적 지배는 바로 '나아가도 지옥, 머물러도 지옥', 즉 진퇴양난의 상황인 것은 아닌가.

결국 너무 성급히 외래의 사회주의 이데올로기를 도입하여 이것을 잘 소화시키지 않은 채로 사회에 적용한 결과, 전통의 변혁도, 사회주의의 실현도 되지 않은 소화불량 상태가 발생해버린 것이다. 이러한 중국 사회주의 혁명의 도처에 출현하는 '성급함'은, '강력한 중국'을 되찾으려고 하는 중화문명의 초조함일까.

종장

중국에 사회주의는 필요했는가

만일 국민당이 중국에서 계속되었다면

중국에서는 19세기 말부터, 수많은 정치체제의 개혁과 정치혁명이 시도되었다. 청조 말기 캉유웨이를 중심으로 전개된 체제개혁 운동, 의화단사건 이후 청조 스스로 입헌군주제도로 거듭나고자 했던 대개혁, 쑨원의 주도로 청조를 타도하고 공화국(중화민국)을 수립하려고 했던 혁명운동, 또 장제스를 중심으로 '국민정부' 아래에서 국가자본주의를 추진하고 중화민국을 재생시키려고 했던 혁명운동 등이다.

그리고 이러한 일련의 흐름의 최후는 사회주의 건설을 목표로 한 공산당의 중화인민공화국 수립이었다.

중국근대사에 출현한 (다른) 여러 정치운동도 목적을 실현할 가능성이 있었다. 그들이 정치적 지배를 확립할 수 없었던 것은 그들 운동의 이념이 틀렸기 때문이 아니다. 중요한 요소는 운동들을 둘러싼 역사적 상황의 유·불리, 운동을 지탱한 정치조직의 구조, 그리고 지도자의 자질로 환원할 수 있다.

사회주의를 내걸고는 있지만 사실상 자본주의 체제가 침투해 있는 현재의 중국 사회주의라면, 국민당 정권에서도 충분히 실현될 수 있었다. 중국공산당은 '중국 특색의 사회주의'라는 이름 아래 현재까지도 사회주의를 표방하고 있지만, 이는 경제 부문은 자유경제지만 정치권력은 공산당이 독점적으로 장악한다는 의사표시에 지나지 않는다. 공산당처럼 일당독재를 표방했던 국민당의 경우에도, 사회주의를 삼민주의로 바꿔 넣기만 하면 '중국 특색의 삼민주의'가 그대로 적용된다. 그리고 타이완에서 실현한 것처럼, 의외로 빨리 민주화가 이루어졌을지도 모른다. 제3장에서 서술했듯이 국민당의 국가건설 과정을 정한 쑨원의 「건국대강」에는, 최종적으로 민선 정부에 통치권력이 인도된다고 약속되어 있었기 때문이다.

그리고 19세기 말 대담한 정치적·사회적·문화적 개혁을 단행하고 서구모델을 따른 근대화를 추구했던 청조가 존속했다고 해도, 현재와 같은 체제는 출현할 수 있었던 것이 아닐까. 분명 청조 말기의 개혁은 학교제도, 신문사, 병원 등 현대에 이르는 중국사회 인프라의 핵심을 형성했다.

또한 중국의 부강을 목표로 한 정치권력이라는 점에서 생각하면, 1912년 베이징에 성립했던 위안스카이의 중화민국 정부라도, 현재와 같은 사회체제를 출현시켜 가지 않았을까.

공산당은 농촌의 생태계를 파괴했다

그럼에도 "중국근대사의 과제였던 국내 재통일과 국제적 자립은 중국공산당이었기에 완성할 수 있었던 것이다"라는 반론이 있을 수 있다.

그러나 이 책의 제3장에서 명확히 했듯이, 중국의 국제적 자립은 사실상 일본의 패전에 따른 국제환경의 변화로 이루어진 것으로, 이 변화를 위해 큰 노력을 한 것은 장제스가 이끄는 국민정부였다. 그리고 중국의 국내통일 또한 국민정부가 이루어내는 과정에 있었다.

이러한 사실은 중국공산당이 편찬한 '정사(正史)'에서는 과소평가되고 있다. 하지만 사실이 보여주고 있는 바와 같이, 불평등조약의 해소와 조계의 회수 등은 국민정부의 공적이고, 공산당은 일본의 패전 후 재개된 국민당과의 내전에서 승리하여 국민당이 달성했던 성과를 이어받은 것뿐이다. 공산당이 자부하는 중국을 '해방'시켰다는 공적은, 공산당이 독점할 수 있는 것이 아니다.

물론 "공산당 이외의 정치세력이었다면 대규모 토지개혁이 가능했겠는가. 토지개혁이야말로 농업 중심의 국가인 중국의 근본문제였던 토지문제를 해결하고, 중국사회에 큰 변화를 가져온 원동력이 아니었는가"라는 반론이 있을 수 있다.

확실히 토지개혁으로 지주제도는 폐지되고, 토지의 소유형태도 변화했다. 그런데 결국 무엇이 달성되었는가. 토지개혁으로 소규모 토지의 소유자가 된 농민들의 토지 또한 농업사회주의화의 이름 아래 공유화되었다. 갑자기 농민들을 토지에 묶어두고 이동을 금지시켰다. 또한 농업생산력의 주력인 부농과 중농이 배척되었다. 일련의 정책은 기존의 생산양식을 근거로 한 합리적인 방침이 아니라, 생산관계만 바꾸면 생산력은 향상되기 마련이라는 이데올로기가 선행되었던 성급한 방침이었다.

중국공산당의 농민 정책은 무엇보다도 새로운 국가의 건설을 위한 자금을 농민으로부터 효율적으로 착취하는 것을 목적으로 하고 있었다. 그 결과 간신히 생산을 지속하고 있던 농촌사회라는 생태계는 파괴되었고, 이러한 정책의 오류로 1950년대 말부터 1960년대 초에는 농촌에 대량의 아사자가 발생했다.

1979년이 되자 공산당은 농업생산력을 회복시키기 위해 이전까지 농업사회주의화의 빛나는 달성이라고 여겨졌던 인민공사를 해체하고, 농가가 나라에 대해 각자 식료생산을 책임지는 농업생산 임금제도를 도입하지 않을 수 없었다.

중국에서 토지문제를 해결하려는 시도는 국민당 시대부터 있었다. 1920년대 말부터 1930년대까지, 옌양추와 량수밍이 허베이성과 산둥성에서 지도했던 향촌건설 운동이 그것이다. 이는 농민을 교육하여 생활수준과 농업기술을 향상시키고, 협동조합을 수립하여 농촌 전체를 활성화하려는 운동이었다. 그런데 모든 운동은 공산당이 정치권력을 장악한 후에는 철저하지 못한 정책이었다고 평가되고 있을 뿐이다. 그러나 농민이 비참한 상황 속에 방치되어 있는 중국의 현실을 고려한다면, 토지개혁에서도 공산당만의 공적을 자랑하는 것은 불가능하다.

이상의 역사적 사실로 보면 중화인민공화국 성립의 원동력이 된, 공산당이 지도한 농민운동에 대해 다음과 같이 정리할 수 있다.

"지주, 부농, 중농이라는 생산력을 담당하는 계층을 적으로 돌리고, 생산력의 담당자가 아니었던 빈농 혹은 유민을 계급투쟁에 동원해야만 자신의 정치활동을 전개할 수 있었다. 게다가 정치권력의 탈취에만 집착해 농민문제를 해결할 충분한 내실은 동반하지 못했다."

중국에 사회주의는 필요했는가

마지막으로 공산당이 전개했던 노동운동이 있다. 그렇지만 제3장에서 분석했던 대로, 농업국가인 중국에서 노동은 사회의 변동에 결정적 영향을 미칠 만한 위치에 있지 않았다. 1920년대에 화려하게 전개되었던 공산당 지도하의 노동운동은, 결국 생산활동을 파괴하여 발전의 전망을 잃었다.

제1장에서 논했듯이, 리인허·린춘의 논문은 중화인민공화국이 성립할 당시, 사회경제 구조에 근본적 변화는 발생하지 않았다고 말한다. 왕샤오창의 논문도 마찬가지로, 신사회의 견인차가 되어야 했던 공산당에 지도부로서의 내실은 없었다고 말한다. 성립 당초의 중화인민공화국의 실상은 전통적 봉건체제 그대로였다.

이리하여 필자는 '중국은 공산당과 사회주의를 반드시 필요로 하지 않았던 것은 아닌가'라는 생각에 이르렀다. 그리고 독자 여러분들은 현재의 공산당의 지배체제가 중국 근현대사의 여러 가지 과제를 최종적으로는 해결하지 못하고 있다는 사실을 이해할 수 있었으리라고 생각한다.

중화인민공화국의 창시자인 마오쩌둥은, 1920년 11월에 청조 붕괴 이후 대혼란 속에서 중국 재생의 길을 모색하고 있었다. 그리고 근공검학(勤工儉學, 일하면서 배우는 유학제도)으로 파리에서 공부하고 있던 친구 샹징위(向警予)와의 편지에서, 자신이 사는 후난성의 문화·사상상황은 구태의연하며 죽어 있는 것과 같다고 말했다. 또한 남성에 대한 교육과 마찬가지로 여성 교육에서도 전혀 진보를 찾을 수 없으며, 후난성의 많은 여성을 해외에 데리고 나가고 싶다고 말한다. 그리고 "한 명이라도 많이 데리고 나가면, 한 명이라도 많이 구하게 된다"[1]고 끝맺고

1 Stuart R. Schram, 『毛澤東の思想』, p. 46.

있다.

근공검학은 원래 프랑스에서 일하는 중국인 노동자에게 교육을 제공하는 것을 목적으로 한 제도로, 1916년에 파리에서 '중불(中佛)교육회'가 정식으로 성립했다. 1919년부터 1921년에 걸쳐 1,000명 이상의 청년들이 이 제도를 통해 고학생으로 파리에 건너갔으며, 저우언라이와 덩샤오핑도 그중 한 명이다.

과연 당시의 마오쩌둥이, 70년 후에 발생하는 천안문 사건으로 중국의 사상상황에 절망한 대량의 젊은이들이 해외로 유출되는 사태를 예측할 수 있었을까. 자신과 공산당 동지들의 손에 의해 이미 오래전에 '해방'되어 있을 것이라 믿었던 중국에서 말이다. 그리고 상황은 아직도 유동적이다.

중국 근현대사 연표

1840		아편전쟁 발발(~1842)
1848	2월	공산당선언(마르크스주의의 탄생)
1851		태평천국의 출현(~1864)
1864	9월	런던에 제1인터내셔널 성립
1889	2월	일본제국 헌법 공포
	7월	파리에 제2인터내셔널 성립
1894	7월	청일전쟁 발발
	11월	쑨원이 하와이에서 흥중회를 결성
1895	4월	시모노세키 조약 조인
	5월	캉유웨이 등 광서제에 상소
	11월	위안스카이를 책임자로 하고 독일을 모범으로 한 신건육군(新建陸軍)의 편성훈련이 개시
1898	3월	러시아 사회민주노동당 결성(레닌의 등장)
	6월	광서제의 변법유신 선언
	9월	광서제의 행정개혁은 쿠데타(무술정변)에 의해 실패
1900	6월	의화단사건. 청조가 열강 제국에 선전포고
1901	9월	신축조약 체결. 청조는 개혁·개방 정책을 결의
1904		러일전쟁 발발. 중국은 국외(局外)중립을 선언
1905	8월	쑨원 등이 도쿄에서 중국동맹을 결성
	9월	청조는 관리등용시험인 과거를 폐지. 이 무렵 중국에서 오는 일본유학생 급증
1907		중국 국내에서 중국동맹회가 지도한 무장봉기가 빈발
1908	9월	청조는 대일본제국 헌법을 모범으로 한 「흠정헌법대강」을 공포하고, 9년 후 국회개설을 약속
1909	10월	각 성에 자의국(지방의회) 성립
1910	10월	베이징에 자정원(국회의 모형) 성립
1911	5월	청조가 철도국유화 정책을 공포. 각지에서 국유화 반대행동 발발
	10월	쓰촨성의 우창에서 중국동맹회의 영향하에 신군의 부대가 봉기함. 신해혁명의 발발

1912	1월	쑨원이 난징에서 임시대총통 취임을 선서(훗날 위안스카이에게 양위)
	4월	베이징을 수도로 하는 중화민국이 정식으로 성립. 임시대총통은 위안스카이
1913	3월	국민당의 지도자인 쑹자오런이 위안스카이의 부하에 의해 암살
	7월	국민당원이 반(反)위안스카이 무장봉기를 실행하지만 2개월 만에 진압됨
	10월	위안스카이가 정식으로 대총통에 취임
1914	6월	제1차 세계대전 발발
	7월	쑨원이 망명지인 도쿄에서 중화혁명당을 결성
1915	9월	≪청년잡지≫(훗날 ≪신청년≫) 발간
	12월	위안스카이는 황제즉위를 결정하지만 부하 군인들도 반대
1916	3월	위안스카이는 황제즉위를 단념
	6월	위안스카이 사망. 머지않아 군벌혼전이 개시됨
1917	9월	쑨원이 광둥성의 광저우에서 군정부를 수립. 베이징의 중앙정부와 대립
	11월	러시아혁명인 10월혁명이 발발(레닌의 권력장악)
1918	11월	제1차 세계대전 종료
1919	1월	파리에서 제1차 세계대전의 강화회의 개최
	3월	모스크바에 코민테른(제3인터내셔널) 성립
	5월	반일애국운동인 5·4운동이 발발
	10월	쑨원이 중국국민당을 결성
1920	1월	국제연맹의 성립
	7월	코민테른 제2차 대회 개최
1921	7월	중국공산당이 코민테른 대표출석을 배경으로 상하이에서 결성
1924	1월	광둥성의 광저우에서 중국국민당 제1차 전국대표대회가 개최되어 제1차 국공합작이 결의되고 국민정부를 새롭게 조직할 것을 결의
	4월	「국민정부 건국대강」 공포
1925	3월	쑨원이 베이징에서 사망
	7월	광둥성의 광저우에서 국민정부 성립
1926	7월	장제스를 총사령관으로 하는 국민혁명군이 북벌을 개시
1927	8월	국공합작의 종언과 국공내전의 개시
	9월	공산당원이 이끄는 농민반란이 발발
	10월	마오쩌둥이 징강산에 근거지를 만듦
1928	6월	베이징에서 만주로 되돌아가던 장쭤린이 일본군의 모략으로 폭살. 국민혁명군이 베이징을 점령하고 북벌을 완료. 난징에 수도를 정한 국민정부의 경제건설 시작
	12월	관세자주권의 회복 교섭 개시
1929	10월	세계대공황 시작
1930	5월	국민정부 내 최대의 군사투쟁(중원대전)이 개시
	12월	장제스가 공산당의 근거지(소비에트구)로의 공격을 개시

1931	9월	만주사변 발발
	11월	장시성의 루이진에 중화소비에트공화국 임시정부 성립
1932	1월	상하이 사변의 발발
	3월	만주국의 성립
1933	1월	독일에 아돌프 히틀러(Adolf Hitler) 나치정권 성립
	3월	일본은 국제연맹을 탈퇴
1934	10월	루이진의 중화소비에트공화국 임시정부 붕괴. 대장정의 개시
1935	7월	코민테른이 각국 공산당에 반파시즘 통일전선구축을 지령. 제2차 국공합작 성립의 움직임이 시작됨(중국공산당의 8·1 선언으로 이어짐)
	11월	국민정부가 화폐 제도 개혁에 착수
1936	5월	상하이에 전국각계 구국연합회가 성립(반일운동의 결집)
	11월	전국각계 구국연합회의 간부 7명이 국민정부에 의해 체포
	12월	시안 사건이 일어남. 국공내전의 정지로 이어짐
1937	7월	루거우차오 사건(노구교 사건)의 발발
	9월	제2차 국공합작 성립
	10월	『중국의 붉은 별』 간행
	12월	일본군이 난징을 점령
1940	1월	마오쩌둥이 「신민주주의론」을 발표
	3월	난징에 왕징웨이 정권이 성립
1941	12월	태평양전쟁 시작
1942	2월	산시성(陝西省)의 옌안에서 정풍운동 시작
1943	5월	코민테른의 해산
	11월	장제스가 처칠(영국), 루스벨트(미국)와 이집트의 카이로에서 회담하고 대일전쟁 승리 후 타이완과 만주를 중국에 반환할 것을 약속받음
1945	4월	옌안에서 공산당 제7차 전국대표대회 개최. 마오쩌둥의 지도권 확립
	8월	중소우호동맹조약이 체결되어 소련의 국민정부 지지가 명문화됨. 일본의 항복
	9월	쓰촨성의 충칭에서 장제스와 마오쩌둥의 회담 개시
	10월	만주에서 국공 양군의 무력충돌이 시작
1946	1월	충칭에서 정치협상회의가 시작
	7월	국공 양군이 전면내전에 돌입
1947	3월	옌안이 국민정부군에 점령당함
	10월	공산당이 「중국토지법 대강」을 공포하고, 지주의 토지몰수를 개시
	12월	중화민국 헌법 공포
1948	4월	공산당이 옌안을 탈환
1949	1월	공산당이 베이핑(베이징)을 점령하고 이어서 난징(4월), 상하이(5월)를 점령
	8월	미국 국무성 「중국백서」를 발표하고 국민당에 대한 지원을 정지

	10월	중화인민공화국의 성립
1950	2월	모스크바에서 중소우호동맹 상호원조조약이 체결
	6월	중화인민공화국 「토지개혁법」 공포. 한국전쟁 발발
1953	1월	제1차 5개년계획 개시
	2월	농업공동화의 추진(초급합작사)
1954	9월	중화인민공화국 헌법 공포
1956	1월	지식인 문제회의 개최
	2월	소련공산당 제20회 대회에서 니키타 흐루쇼프(Nikita Khrushchyov)가 스탈린을 비판
	5월	사상 자유화의 제창(백화제방 · 백가쟁명)
	6월	폴란드 폭동
	9월	중국공산당 제8차 전국대표대회 개최
	10월	헝가리에서 폭동
1957	5월	당 외부의 지식인도 참가하는 공산당의 정풍운동 개시
	6월	반우파투쟁이 개시되어 공산당을 비판한 지식인이 탄압당함
1958	5월	대약진 정책이 개시
	11월	인민공사의 성립
	12월	마오쩌둥이 국가주석을 사임(대약진 정책 실패의 책임을 지고 사임)
1959	4월	류사오치가 국가주석에 취임
1960		사회주의 건설의 노선을 둘러싼 중소대립이 표면화
1962	1월	류사오치, 덩샤오핑이 경제조정 정책을 개시
	8월	류사오치가 쓴 『공산당원의 수양을 논한다』가 대량으로 간행됨. 같은 해, 『마오쩌둥 선집』은 간행되지 않음
1963	5월	마오쩌둥이 사회주의 교육운동을 추진
1964	5월	인민해방군 총사령부 『마오 주석 어록』을 간행
1966	8월	프롤레타리아 문화대혁명의 개시
1968	10월	류사오치가 공산당에서 제명
1969	4월	중국공산당 제9차 전국대표대회 개최. 린뱌오가 공산당 부주석에 취임
	11월	류사오치 사망
1971	9월	린뱌오 사건이 발생. 마오쩌둥 암살에 실패한 린뱌오가 비행기로 망명하는 도중 몽골 평원에 추락사
	10월	중국이 국제연합의 대표권을 획득
1972	2월	미국의 리처드 닉슨(Richard Nixon) 대통령이 방중
	9월	중일 국교수립
1973	3월	덩샤오핑이 국무원 부총리로 부활
	8월	중국공산당 제10차 전국대표대회 개최. '4인방' 진출

1975	4월	장제스 사망
1976	1월	저우언라이 사망. 화궈펑이 국무원 총리대행에 취임
	4월	덩샤오핑 실각
	9월	마오쩌둥 사망
	10월	'4인방'이 화궈펑에 의해 체포됨
1977	7월	덩샤오핑 부활
1978	12월	중국공산당 11기 3중전회에서 화궈펑이 자기비판. 덩샤오핑이 권력을 확립하고 개혁·개방 정책에 착수
1980	2월	류사오치 명예회복
	9월	자오쯔양 국무원 총리에 취임
	11월	린뱌오·'4인방' 재판 개시
1982	9월	후야오방이 공산당 총서기에 취임
1985	6월	인민공사의 해체 종료. 향·진제의 부활
1986	9월	부르주아 자유화 비판
	12월	민주화를 요구하는 학생데모가 빈발
1987	1월	후야오방이 사임, 자오쯔양이 총서기 대행에 취임(11월에 정식 취임)
1988	1월	타이완의 장징궈(蔣經國) 총통이 사망, 부총통인 리덩후이(李登輝)가 총통에 취임
	4월	리펑이 국무원 총리에 취임
1989	4월	후야오방 사망
	5월	소련의 미하일 고르바초프(Mikhail Gorbachev) 대통령 방중
	6월	천안문 사건 발생. 자오쯔양의 모든 직무 해임. 장쩌민이 총서기에 취임
1990	3월	장쩌민이 덩샤오핑 대신 군사위원회 주석에 취임
1991	12월	소련 붕괴
1992	8월	한중 국교수립
1993	3월	타이완의 총통선거에서 리덩후이가 당선
1997	2월	덩샤오핑 사망
1998	3월	주룽지가 리펑 후임으로 국무원 총리에 취임
2000	3월	타이완의 총통선거에서 민진당의 천수이볜(陳水扁)이 당선
2001	12월	중국이 세계무역기구(WTO)에 가입
2002	1월	타이완이 세계무역기구에 가입
	11월	후진타오(胡錦濤)가 장쩌민의 후임으로 총서기에 취임
2003	3월	후진타오가 장쩌민의 후임으로 국가주석에 취임. 원자바오(溫家寶)가 주룽지의 후임으로 국무원 총리에 취임
2004	9월	후진타오가 장쩌민의 후임으로 군사위원회 주석에 취임
2005	3월	전국인대 10기 제3차 회의에서 「반(反)국가분열법」 채택
2006	3월	전국인대 10기 제4차 회의에서 제11차 5개년 계획 채택

	10월	중국공산당 16기 6중전회에서 '조화로운 사회'의 건설 제기
2007	3월	전국인대 10기 제5차 회의에서 「물권법」 채택
	10월	중국공산당 제17차 전국대표대회에서 조화로운 사회, 과학적 발전관을 키워드로 제시
2010	10월	중국공산당 17기 5중전회, 12차 5개년 계획의 규획을 채택. 시진핑이 중앙군사위원회 부주석 취임
2012	11월	중국공산당 제18차 전국대표대회 개최. 당 총서기 및 중앙군사위원회 주석에 시진핑(習近平) 선출
2013	3월	제12기 전국양회(전국정협 및 전국인대) 개최. 국가주석에 시진핑, 국무원 총리에 리커창(李克强) 선출

참고 문헌

청조 말기부터 중화민국 성립에 이르는 정치 동향

李検農. 1963.『戊戌以後三十年中國政治史』. 中華書局.

市古宙三. 1971.『近代中國の政治と社會』. 東京大學出版會.

小野川秀美·島田虔次 編. 1978.『辛亥革命の硏究』. 築摩書房.

ジェローム·チェン(陳志譲). 1984.『軍紳正権 一軍閥支配下の中國』. 北村稔·岩井茂樹·江田憲治 訳. 岩波書店.

李新·金宗一 主編. 1987.『中華民國史』, 第二編 第一卷. 中華書局.

史遠芹·曹貴民·李玲玉. 1990.『中國近代政治體制的演変』. 中共黨史資料出版社.

山田辰雄 編. 1996.『歴史のなかの現代中國』. 勁草書房.

마르크스주의와 러시아 혁명 및 중국에 대한 영향

森岡清美·塩原勉·本間康平 編. 1993.『新社會學辭典』. 有斐閣.

三石善吉. 1991.『中國の千年王國』. 東京大學出版會.

E. H. カー(Edward Carr). 1967.『ボリシェヴィキ革命 1917~1923』. 原田三郎 ほか 訳. みすず書房.

G.ボッファ(Giuseppe Boffa). 1979.『ソ連邦史』, 第1巻(1917~1927). 阪井信義·大久保昭男 訳. 大月書店.

H.カレール=ダンコース(Helene Carrère d'Encausse). 1985.『ソ連邦の歴史·レーニン: 革命と権力』. 石崎晴己 訳. 新評論.

村田陽一 編·訳. 1978.『コミンテルン資料集』, 第一卷. 大月書店.
丁守和·殷敘彝.「従五四啓蒙運動到馬克思主義的伝播」.『五四啓蒙運動からマルクス主義の伝播へ』(北京: 三聯書店, 1963年 原版. 燎原書店, 1978年 再版).
モーリス·メイスナ(Maurice Meisner). 1971.『中國マルクス主義の源流』. 円山松幸·上野惠司 訳. 平凡社.
スチュアート R. シュラム(Stuart R. Schram). 1989.『毛沢東の思想』. 北村稔 訳. 蒼蒼社.

제1차 국공합작에서 국공내전의 전개까지

北村稔. 1998.『第一次國共合作の研究: 現代中國を形成した二大勢力の出現』. 岩波書店.
福本勝清. 1998.『中國革命を駆け抜けたオウトローたち: 土匪と流氓の世界』. 中公新書.
曹伯一. 1969.『江西蘇維埃之建立及其崩壞(1931~1934)』. 台北: 國立政治大學東亜研究所.
龔楚. 1978.『龔楚將軍回憶録·下卷』. 明報月刊社.
アレン·メリクセトフ(A. V. Meliksetov). 1972(1975). 中嶌太一 訳.『中國における官僚資本: 1927年~37年の國民黨経済政策と國家資本主義の發展』(ソ連科學アカデミー, 1972年版: アジア経済研究所, 所內資料).
野沢豊 編. 1981.『中國の幣制改革と國際関係』. 東京大學出版會.
郭緒印 主編. 1992.『國民黨派系鬥爭史』. 上海人民出版社.
狹間直樹 編. 1995.『1920年代の中國』. 汲古書院.

제2차 국공합작의 성립과 중일 전쟁

サンケイ新聞社. 1976.『蔣介石秘録12 (一中全面戦爭)』. サンケイ出版社.
______. 1977.『蔣介石秘録13 (大東亜戦爭)』. サンケイ出版社.
______. 1977.『蔣介石秘録14 (日本降伏)』. サンケイ出版社.
John K. Fairbank, Albert Feuerwerker(eds). 1986. *The Cambridge History of China,*

Vol. 13, Republican China 1912~1949, Part2. Cambridge University Press.
王健民. 1974.『中國共産黨史稿』. 香港: 中文図書供応.
中共中央黨史研究室. 1991.『中國共産黨歷史』. 上卷: 人民出版社.
郭廷以. 1984.『中華民國史事日誌』, 第3册. 台北: 中央研究院近代史研究所.
菊地貴晴. 1984.『中國第三勢力史論』. 汲古書院.

국공내전의 재개에서 중화인민공화국의 성립까지

John K. Fairbank, Albert Feuerwerker(eds). 1986. *The Cambridge History of China, Vol. 13, Republican China 1912~1949, Part2.* Cambridge University Press.
サンケイ新聞社. 1977.『蔣介石秘録15 (大陸奪還の誓い)』. サンケイ出版社.
軍事科學院軍事歷史研究部. 1993~1996.『中國人民解放軍全國解放戰爭史』, 第1卷~第3卷. 軍事科學出版社.
中共中央黨史研究室. 2002.『中國共産黨歷史』, 第一卷 (上·下). 中共黨史出版社.
劉熙明. 2002.『偽軍: 強権競逐下卒子(1937~1949)』. 台北: 稲郷出版社.

중화인민공화국의 성립과 그 전개

日本國際問題研究所. 1963~1971.『新中國資料集成』, 第1卷~第5卷. 日本國際問題研究所·中國部會.
人民出版社. 1977.『毛沢東選集』, 第五卷. 人民出版社.
中國研究會 訳. 1977.『毛沢東選集: 解題·注釈』, 第五卷. 竹内実 監修. 三一書房.
周鯨文. 1959.『風暴十年』. 池田篤紀 訳. 時事通信社.
内閣官房内閣調査室 編. 1957.『中共人民内部の矛盾と整風運動』. 大蔵省印刷局.
趙徳馨 編. 1988.『中華人民共和國経済史(1949~1966)』. 河南人民出版社.
安藤正士·太田勝洪·辻康吾. 1986.『文化大革命と現代中國』. 岩波新書.
失吹晋. 1989.『文化大革命』. 講談社現代新書.
吉田福夫·萩野脩二 編. 1994.『原典中國現代史』, 第五卷(思想·文學). 岩波書店.
渡辺利夫·小島朋之. 1994.『鄧小平と毛沢東』. NTT出版.
小島麗逸. 1997.『現代中國の経済』. 岩波新書.

東方書店. 1970~1971 .『中國プロレタリア文化大革命資料集成』, 第1卷~第5卷, 別卷. 東方書店.
司馬長風. 1977.『文革後的中國』. 台北: 時報文化出版.

지은이 후기

이 책은 필자가 30년 가까이 연구해온 중국 근현대사를 현시점에서 '정리'한 것이다. 100년 가까운 역사를 '통사'로서 300매의 원고용지에 정리하는 것은 고된 작업이었지만, 역사의 기본적인 틀을 제시하는 동시에 본문에 각주를 달아 연구서로서의 내용도 갖추려고 노력했다.

이 책의 기초가 된 연구는 『제1차 국공합작 연구: 현대 중국을 형성한 2대 세력의 출현』[1]이다. 필자는 이 연구서의 집필을 통해 제1차 국공합작(1924~1927년) 중의 1927년 전반기에 '우한 국민정부' 아래에서 국민당원과 공산당원이 추구한 중국혁명의 비(非)자본주의적 발전이 결코 통설과 같이 국민당의 반동화에 의해 붕괴한 것이 아니며, 자기모순으로 내부붕괴한 것임을 확인했다. 사회주의를 추구하며 전개된 노동자운동과 농민운동이 생산기반의 파괴만을 가져온 것이다.

이 사실에서 출발해, 중국공산당이 추구했던 사회주의 혁명의 역사를 청조 말기부터의 역사변동 속에서 정합적으로 해석해보려는 시도로

---

1 北村稔, 『第一次國共合作の研究: 現代中國を形成した二大勢力の出現』(岩波書店, 1998).

이 책을 집필하게 되었다.

이 책의 역사분석 중심에 자리 잡고 있는 '사회주의의 옷을 입은 봉건왕조'라는 관점은 필자의 독창적인 것이 아니다. 제1장에서 썼듯이, 1979년의 시점에서 리인허, 린춘, 왕샤오창 등의 논문이 환기시켰던 것이다. 필자는 당시, 이 논문이 게재된 ≪역사연구≫를 항상 훑어보고 있었으며 논문이 출현한 시점에서 그 참신한 관점에 놀랐고 곧 공감했다. 왜냐하면 중국공산당이 농민폭동을 개시한 직후인 1930년대 초부터, 이미 트로츠키파 사람들에 의해 중국의 농민폭동이 가진 전통적인 유민적 성격과, 사회주의 혁명의 전도(前途)에 대한 부정적 작용이 지적되고 있었기 때문이다.

덧붙여 말하면 트로츠키파란, 소련 정부와 코민테른을 지배하고 있던 독재자 스탈린에 대항한 공산주의자들의 통칭으로, 레온 트로츠키가 지도자로 있었다.

필자는 대학 4학년 시절인 1970년 초 중국 근현대사 연구에 빠졌다. 계기는 트로츠키의 『중국혁명론(中國革命論)』[2]을 읽은 것이었다. 그 내용이 대강의 지식으로 알고 있던 중국혁명의 역사와는 다른 것에 의심을 품어, 진상을 해명해보자고 생각했던 것이다. 번역문이긴 했지만, 트로츠키의 명석하고 화려한 문장에 매료되었던 것도 고백해두어야만 할 것이다.

이어 트로츠키가 서문을 쓰고 1938년 런던에서 간행된 해럴드 이삭스(Harold Isaacs)의 『중국혁명의 비극(The Tragedy of The Chinese Revo-

---

2 Leon Trotsky, 『中國革命論』, 山西英一 訳 (現代思潮社, 1970).

lution)』[3]에 감명을 받아 여기에 인용된 많은 유럽어 자료를 섭렵했다. 서장의 제목이 '중국이라는 비극'인 것은 이상의 책의 제목과 연관되어 있다. 이삭스는 농민반란에 기초한 중국공산당의 혁명노선을 부정적으로 파악하고, 제1차 국공합작부터 시작된 스탈린의 중국혁명 지도가 혁명을 잘못되게 한 '비극'이라 설명하고 있다.

그런데 중화인민공화국이 수립된 사실 때문에 트로츠키파의 관점은 수정을 강요당했고, 이삭스도 본인의 저서를 수정하게 되었다. 그렇지만 결국 이후의 역사가 트로츠키파의 관점이 기본적으로는 틀리지 않았다는 것을 증명했다. 사회주의 사회와는 닮았으면서도 닮지 않은 중화인민공화국의 근원이, 전통적인 농민반란에 의한 공산당의 정권장악에 있었다는 것이 점차 분명해졌기 때문이다.

필자는 동양사학을 전공한 학생이 아니었고, 대학원에 들어갈 때까지 중국어 자료를 활용하는 것이 불가능했다. 1970년대 초 일본 사상계는 마르크스주의의 전성기였고 필자도 적지 않게 그 세례를 받았다. 그리고 마르크스부터 읽어나가며, 마르크스주의와의 갈등 속에서 생겨나고 있던 실존주의와 구조주의에도 큰 자극을 받았다. 이와 같은 사상편력 속에서 우연히 만난 것이 트로츠키의 『중국혁명론』이었다.

그러나 지금에 와서 생각하면, 이와 같은 형태로 중국사 연구의 길에 발을 들인 것이 다행이었을지도 모른다. 중국어로 쓰인 역사서에 의해 중국공산당의 역사관에 영향받는 일 없이, 일정한 거리를 두고 중국 근현대사를 비판적으로 고찰하는 것이 운명적으로 출발선부터 가능했던

---

3 Harold R. Isaacs, *The Tragedy of The Chinese Revolution*(Stanford University Press, 1951).

것이다.

이 책의 집필과정에서 많은 분들이 여러 가지 가르침을 주었다. 중국 근현대사 연구를 조감해올 수 있었던 존경하는 친구, 하야시 다쓰로(林達朗)로부터는 이 책에 등장하는 핵심인물 중 한 명인 왕샤오창의 현황을 알기 위한 귀중한 가르침을 받았다. 왕샤오창은 필자가 수년 동안 일본인과 중국인 연구자를 통해 정보를 얻으려고 했지만 실패했던 인물이다.

PHP연구소의 하야시 도모키(林知輝)는 필자가 이 책의 구상을 말했던 2002년 이래 끈기 있게 탈고를 기다려주었을 뿐만 아니라, '사회주의 혁명'에 마지막을 고하려고 했지만 마르크스주의에 대한 미련이 남아 다소 난삽했던 이 책의 논리전개를 젊은 감성으로 상쾌하고 명쾌하게 만들어주었다. 감사의 말을 전한다.

2005년 6월

기타무라 미노루

옮긴이 후기

중일관계가 여전히 긴장상태에 있다. 센카쿠열도(尖閣列島)/댜오위다오(釣魚島) 문제, 중국의 방공 식별 구역 선포, 일본 아베 신조(安倍晋三) 총리의 야스쿠니 신사 참배 등을 둘러싸고 무력대립까지 언급되는 극단적인 대립이 계속되고 있다. 그 이유는 여러 가지가 있겠지만, 양국의 상호인식에도 한 원인이 있을 것이다. 중국의 인식은 한국의 일본에 대한 인식에서 어느 정도 유추할 수 있다. 실제로 재작년 여름 타이완에 갔을 때, 중국 대륙에서 온 많은 학생들은 "이명박 대통령의 독도 방문은 용감한 일이었다"라고 말했다. 윤봉길 의사의 훙커우공원 의거에 대한 장제스의 말 「중국의 100만 대군도 하지 못한 일을 조선의 한 청년이 해냈다」을 떠올리게 하는 어투였다. 그렇다면 우리는 중국을 어떻게 보아야 할까. 그리고 일본은 중국을 어떻게 인식하고 있을까. 이 책의 소개 작업은 그런 의문에서 시작되었다.

이 책은 중국공산당에 대한 학술적인 '정면 비판'을 시도하고 있다. 지은이는 농촌의 참상을 고발하며, 개혁·개방 이후 빈부격차와 부패에 시름하는 중국을 비판한다. 30년이 넘는 지은이의 연구이력과 폭넓은 중국 자료의 인용은 그의 중국 비판에 상당한 신뢰성을 부여한다. 지은

이는 중국공산당을 '영웅'이 아닌 '반(反)영웅'으로 그려내고 있다. 물론, 이것이 일본 전체의 의견은 아니지만 일본 내에 존재하는 중국 비판론자들이 바라보는 하나의 관점을 잘 보여준다.[1] 필자는 이 책이 단순한 정치적 프로파간다는 아니며, 기본적으로 사실에 입각하여 주장하는 자세를 견지하고 있다고 판단했다. 이 판단이 맞는지는 독자 여러분이 확인해주기 바란다.

이 책의 장점 첫 번째는 바로 이런 맥락에서 나온다. 지은이는 '중국공산당은 사회주의의 옷을 입은 봉건왕조'라는 사관을 책 첫머리부터 천명하며, 마지막 부분까지 일관되게 유지한다. 이 사관은 중화인민공화국이 성립되기 이전부터 트로츠키주의자들에 의해 제기되어온 것이다. 또한 이 책에서 확인할 수 있는데, 한때 리인허, 린춘, 왕샤오창 등 중국 내부 지식인이 체제 비판을 수행하는 근거가 되기도 했다. 물론 이 사관이 현대 중국의 성취를 과소평가한다는 비판에는 일리가 있다. 필자 역시 이 책의 관점에 전부 동의하는 것은 아니다.[2] 그렇지만 이 책이 일본 내 '중국 비판론'과 관련해 하나의 명확한 시각을 보여주고 있다는 점은 중요하다고 생각한다.

---

1 기타무라 미노루는 『난징 사건의 탐구』(2001)로 큰 정치적 논란을 낳는 등, 중국과 관련하여 대표적인 일본 긍정론자로도 알려져 있다.

2 예를 들어, 필자는 러시아혁명이 단순한 '쿠데타'였다는 주장에는 동의하지 않는다. 이와 관련해서는 레오폴드 헤임슨(Leopold Haimson), 「1905~1917년 러시아 도시지역의 사회적 안정성 문제」, 『러시아 혁명사론』, 이인호 엮음(서울: 까치, 1983), 220~278쪽 그리고 R. G. Suny. "Toward a Social History of the October Revolution", *The American Historical Review*, Vol. 88, No. 1(1983), pp. 31~52를 참고하기 바란다.

두 번째는 지은이의 30년간 연구가 요약되어 있다는 점이다. 특히, 중국의 1920~1930년대는 지은이가 『제1차 국공합작 연구: 현대 중국을 형성한 양대 세력의 출현』 등 다수의 저작을 내놓은 시기로, 이 책은 국내에 거의 알려지지 않은 그의 연구 결과물들을 요약하여 소개하고 있다. 지은이는 동아시아 지역에서의 비교 사회주의 연구를 수행한 적이 있으며, 이 책에서는 이에 근거해 마르크스주의에 대한(일부 도식적이기는 하지만) 기초적인 해설과 함께 중국의 마르크스주의 전래사(傳來史)를 상세히 서술하고 있다. 이 밖에도 중국공산당에 의해 조작되거나 숨겨진 사실들을 밝혀내는 대목이나, 문화대혁명이 중국공산당 파벌간의 대리전쟁적 성격을 띠고 있었다는 대목 등은 주목할 만하다.

세 번째는 청조 말기부터 개혁·개방 직후까지의 긴 역사를 대상으로 끊임없이 '다른 계기'를 찾으려고 한다는 것이다. 이 점은 중국의 미래를 생각할 때도 고려해야 할 지점이라고 하겠다. 물론, '다른 중국'이 나타날 수 있었다는 사실이 반드시 더 좋은 중국이 가능했다는 것을 함축하지는 않는다. 타이완이 민주화된 복지국가의 길을 걷고 있지만, 국민당이 중국 대륙에서 그것을 실현할 수 있었을지는 알 수 없는 일이다. 그렇지만 이 책이 취하는 자세는 중국공산당에 의해 도식화된 '필연적인 역사적 발전'이라는 목적론적 관점을 깨는 데 도움이 된다고 생각한다. 이 책은 사회주의라는 이념에 의해 중국공산당이 필연적으로 승리하게 되어 있었다는 주장에 대한 강력한 반대증거를 제시하며, 오히려 실제로 나타난 것은 '사회주의의 중국화'였음을 밝히고 있다.

이 책이 세상에 나올 수 있도록 물심양면으로 지원해준 도서출판 한울의 김종수 사장님을 비롯한 모든 분들에게 진심으로 감사의 말씀을 드린다. 또한 일반 독자의 입장에서 바쁜 가운데 번역 초고의 내용을 분담하여 읽고 유용한 조언을 해주었던 옥창준(서울대 외교학전공 석사과정), 김덕현(서울대 법학전문대학원 석사과정), 김형준(서울대 정치외교학부), 김윤진(서울대 정치외교학부), 강지욱(서울대 경제학부) 학우분들에게도 고마움을 전한다.

2014년 3월
서울대 중앙도서관에서
김동욱

지은이

기타무라 미노루(北村稔)

1948년 교토(京都) 출생. 교토대학 문학부 사학과 졸업. 동 대학원 박사과정 중퇴.
미에대학(三重大學) 조교수를 거쳐 현재 리쓰메이칸 대학 문학부 교수. 법학 박사.
중국 근현대사 전공.
주요 저서: 『'난징 사건'의 탐구』(文春新書), 『제1차 국공합작 연구』(岩波書店) 외
역서: 『마오쩌둥의 사상』(蒼蒼社), 『중국 농촌붕괴』(日本放送出版協會) 외

옮긴이

김동욱

서울대 정치외교학부 재학.
서울대 한반도문제연구회 회장.
한반도아시아국제관계연구회(KPAIR) 연구원.
일본 큐슈대학 단기 일본어 과정 및 미국 피츠버그대학 연수.

이용빈

중국 베이징대 국제정치학과 대학원 수학, 서울대 외교학과 대학원 수료.
국회 정무위원회 수습연구원, 인도 방위문제연구소(IDSA) 객원연구원 역임.
현대중국연구소 및 한림대만연구소 객원연구원, 홍콩국제문제연구소 연구원.
역서: 『시진핑』(2011), 『중국의 당과 국가』(2012), 『현대 중국정치』(2013) 외
주요 연구: "Chasing the Rising Red Crescent: Sino-Shi'a Relations in the Post-Cold War Era," in Anchi Hoh and Brannon Wheeler, eds., *East by Mid-East: Studies in Cultural, Historical and Strategic Connectivities*(Sheffield, UK: Equinox Publishing, 2013) 외

한울아카데미 1676

사회주의 중국은 행복한가

혁명사로 본 사회주의 중국의 허상

지은이 | 기타무라 미노루
옮긴이 | 김동욱·이용빈
펴낸이 | 김종수
펴낸곳 | 도서출판 한울
편집책임 | 배유진
편집 | 양혜영

초판 1쇄 인쇄 | 2014년 3월 28일
초판 1쇄 발행 | 2014년 4월 10일

주소 | 413-756 경기도 파주시 광인사길 153 한울시소빌딩 3층
전화 | 031-955-0655
팩스 | 031-955-0656
홈페이지 | www.hanulbooks.co.kr
등록 | 제406-2003-000051호

Printed in Korea.
ISBN 978-89-460-5676-3 93910 (양장)
ISBN 978-89-460-4853-9 93910 (학생판)

* 책값은 겉표지에 표시되어 있습니다.
* 이 도서는 강의를 위한 학생판 교재를 따로 준비했습니다. 강의 교재로 사용하실 때는 본사로 연락해 주십시오.